Ada Pokorny

DIE VERARBEITUNG DES GETREIDES ZU BROT UND GEBÄCK

ADA POKORNY

DIE VERARBEITUNG DES GETREIDES ZU BROT UND GEBÄCK

Arbeitskreis für Ernährungsforschung
Bad Liebenzell - Unterlengenhardt

2. Auflage 1980

Herausgegeben durch den Arbeitskreis für Ernährungsforschung e.V.
7263 Bad Liebenzell - Unterlengenhardt, Zwerweg 19

Druck: Druckerei Schwerdtner GmbH, Reinsburgstr. 180, 7000 Stuttgart 1

ISBN 3–922290–01–9

Inhaltsverzeichnis

Zum Geleit

Das Brot ist die menschengemäßeste Zubereitungsform des Getreides. Ja, darüber hinaus das Urbild eines Nahrungsmittels schlechthin. „Brot für die Welt!" lautet der Kampfruf gegen den Hunger.

Es ist ein erfreuliches Zeichen unserer Zeit, daß einem vollwertigen Brot wachsendes Interesse entgegengebracht wird. Viele Menschen haben zudem das Bedürfnis, selbst Brot zu backen. Denn sie spüren: dadurch gewinnen sie ein neues Verhältnis zum Brot und somit zur Nahrung überhaupt. In den Kursen unseres Arbeitskreises können wir dieses immer wieder erleben.

Wie aber sollen wir das Brot backen? Wir müssen auch hier, wie auf vielen Lebensgebieten, nach neuen Alternativen gegenüber dem Überlieferten Ausschau halten.

Da hat sich seit vielen Jahren eine Methode bewährt und auch in zahlreichen Haushalten und Bäckereien Anhänger gewonnen: das Backen mit dem Spezial-Backferment nach Hugo Erbe. Es ist das Verdienst von Frau Ada Pokorny, dieses Verfahren in gründlicher Forschungsarbeit so entwickelt zu haben, daß ein schmackhaftes, bekömmliches Brot entsteht und die Methode leicht zu handhaben ist.

Eine Aufsatzreihe, die Frau Pokorny für unseren Ernährungs-Rundbrief schrieb, fand großes Interesse, sodaß die Hefte mehrfach nachgedruckt werden mußten.

Nun hat die Verfasserin die Thematik ganz neu bearbeitet und zu einem Buch erweitert. Wir begrüßen es sehr, dieses in unsere Schriftenreihe aufnehmen zu können. Möge es in die Hände vieler Menschen gelangen!

Dr. med. Udo Renzenbrink

Vorwort

Brot gehört seit altersher zu unseren Grundnahrungsmitteln, auch wenn in den letzten Jahrzehnten der Brotkonsum nachweislich zurückgegangen ist. Eine Ursache für diesen Rückgang kann in der verminderten Brotqualität gesucht werden, die zum großen Teil eine Folge der Rationalisierungsmaßnahmen in den Backbetrieben ist.

Doch regte sich mit der Zeit bei einem immer größeren Menschenkreis das Bedürfnis nach gesundem, gut schmeckendem Brot. Die Folge hiervon war, daß viele Haushaltungen zur Selbsthilfe griffen und ihr tägliches Brot selbst bereiteten, wenn in ihrer nächsten Umgebung kein Bäcker war, der Brote erzeugte, welche ihren Vorstellungen entsprachen.

Dieser Menschenkreis und das Interesse an guten Broten ist im Wachsen begriffen.

Eine Unterstützung denjenigen zu geben, die gute Brote und Gebäcke bereiten wollen, scheint erforderlich, um wiederum dem Brot den ersten Platz innerhalb der Ernährung einzuräumen.

Dieses Büchlein soll den bereits Interessierten – Haushaltungen und Bäckereien – durch entsprechende Erläuterungen Hilfen geben und neue Interessenten für die Brotbackkunst gewinnen. Es gibt einen Abriß der biologischen Vorgänge bei der Brotbereitung und der Technik des Backens überhaupt.

Im besonderen will es auf ein neues Mittel zur Brot- und Gebäckbereitung, nämlich das „Spezial-Backferment" aufmerksam machen.

Die Unterzeichnete, Verfasserin dieser Schrift, ist seit Jahrzehnten auf dem Gebiet der Müllerei und Bäckerei tätig und mit den Problemen vertraut. Sie entwikkelte das „Spezial-Backferment", dessen Erfinder Hugo E r b e ist, bis zur praktischen Reife der problemlosen Handhabung. Mit diesem Backferment gelingt es, die Backfähigkeit der Getreide auf natürlichem Wege zu erhöhen, die Verträglichkeit der so hergestellten Brote und Gebäcke zu steigern, jedoch auch den Verwendungsbereich der Getreidearten für die Brotbereitung zu erweitern.

Damit kann eine neue „Brotkultur" erreicht werden, die den heutigen „Mangel im Überfluß" an entscheidender Stelle ausgleichen kann durch die qualitative Verbesserung des Grundnahrungsmittels, unseres täglichen Brotes.

Darmstadt, August 1978 *Ada Pokorny*

A. Das Getreide

Das Getreide begleitet die Menschheit auf dem Weg ihrer Entwicklung seit Urzeiten. Zuerst waren es die Samen der Wildform des Getreides – welche unseren heutigen Gräsern sehr ähnelten – die wesentlich zur Ernährung der Menschheit beitrugen. Später war es die Kulturform des Getreides, die aus der Wildform gezogen bis heute die Grundlage unserer Ernährung bildet.

In seinem Buch „Korn und Brot" schreibt W. Ch. Simonis: „Wo über Getreide geschrieben oder gesprochen wird, da pflegt man gerne nach dem Ursprung der Getreidearten zu fragen. Soll diese Frage hier berührt werden, dann muß wohl auf eine Erdregion hingewiesen werden, die heute als solche nicht mehr existiert – auf die alte Atlantis. Von dort zogen die Menschenrassen in zwei großen Zügen nach dem Osten. Der eine Zug ging durch Nordeuropa, der andere über Afrika nach Asien hinüber. Aus den Mysterien dieses alten versunkenen Erdteiles stammen die Nahrungspflanzen der Menschen. Hafer, Gerste, Roggen und Weizen dürften auf den nördlichen Wanderungszügen der Nachatlantier, Hirse und Reis auf den südlichen Wegen verpflanzt sein. Nur der Mais wandert gleich mit nach dem Westen in das Gebiet des heutigen amerikanischen Kontinents."

So wie die atlantische Menschheit noch außerordentlich bildsam war, waren es auch die Pflanzen, so daß bei der Umwandlung der Wildgetreide nicht so viel Widerstände zu überwinden waren, wie sie heute solchem Bemühen entgegenstehen. Die Menschen lebten außerdem noch in enger Verbindung mit den Naturkräften. Diese Naturkräfte konnten insbesondere von Priesterweisen in gutem Sinne nutzbar gemacht werden.

Der charakteristische Unterschied zwischen der Wildform und der Kulturform des Getreides kann folgendermaßen beschrieben werden: Die schmächtigen Samenkörner der **Wildgetreide** bestehen fast nur aus Schale, mit einem geringen mehligen Kern. Die hervorragendste Eigenschaft dieser Samen ist ihre große Reproduktionsfähigkeit. Die Samenkörner der **Kulturgetreide** weisen ein bauchiges Korn, gefüllt mit einem großen Anteil an mehliger Substanz, auf. Das Verhältnis von Schale zu Mehlkern hat sich zugunsten des Mehlkernes verändert. Die hervorragendste Eigenschaft dieser Körner ist ihre Ernährungskraft.

Die sieben Getreidearten Hafer, Gerste, Roggen, Weizen, Hirse, Reis und Mais gehören zu der großen Pflanzenfamilie der Gräser. Ihre Artähnlichkeit läßt sich bis in die einzelnen Organe verfolgen, und der Familiencharakter läßt sich an jedem einzelnen Organ erkennen. Buchweizen wird oft fälschlicherweise zur gleichen

Familie gehörend angesehen. Er gehört jedoch zu der Familie der Knöterichgewächse.

Es ist eine lohnende Aufgabe, die Samenkörner der sieben Getreidearten nebeneinanderliegend einer genauen Betrachtung zu unterziehen. So kann man zunächst die äußeren Merkmale, die sich in unterschiedlicher Form, Länge, Dicke und Farbe der Körner aussprechen, auf sich wirken lassen. Bei Hafer, Gerste und Weizen gibt es außer den nackten Körnern auch bespelzte Arten. Besonders bei der Gerste ist der Spelz so innig mit dem ganzen Korn verbunden, daß es einer intensiven Bearbeitung bedarf, um den Spelz entfernen zu können. Dies gelingt nicht ohne Beschädigung der Gerstenkörner. Die Reisfrucht und die Hirse sind auch von festen, dicht anliegenden Spelzen umgeben, doch lassen sich diese Spelzen durch Druck und Schlag trennen. Daran ist zu erkennen, daß der Spelz nicht mit dem Korn verwachsen ist wie bei der Gerste. Die größte Ähnlichkeit haben untereinander der Weizen, der Roggen, die Gerste, der Hafer und der Reis. Mais und Hirse fallen in Form und Größe ganz aus diesem Rahmen.

Haben wir die Getreide in ihrem äußeren Habitus genau kennengelernt, dann fertigen wir mit einem dünnen, scharfen Messerchen Querschnitte und Längsschnitte an, um einen Blick in das Innere des Kornes zu tun, soweit das unbewaffnete oder das mit einer Lupe bewaffnete Auge dies vermag. Auffallend zeigt sich bei diesen Schnitten die Furche, die bei einigen Getreidearten bis über die Kornmitte reicht. Diese Furche ist das Eintrittstor für das wässerige Element, durch welches – verbunden mit Wärme – sich erst die Keimprozesse anbahnen können.

Wird zum deutlicheren Erkennen des Aufbaues der Getreidekörner ein Mikroskop zu Hilfe genommen, so kann die Beobachtung an hauchdünnen Schnitten fortgesetzt werden. Dabei zeigt sich die enge Verwandtschaft aller Getreidearten. Die folgende Skizze gibt in einer schematisierten Darstellung und in großen Zügen den Längsschnitt eines Weizenkornes wieder, der stellvertretend für alle Getreidearten Gültigkeit hat. Zunächst bemerken wir am oberen Ende des Weizenkornes ein **Bärtchen**, am entgegengesetzten Ende den **Keimling. Frucht- und Samenschale** umschließen das Korn, die Fruchtschale legt sich auch schützend um den Keimling. Diesen Hüllen ist es zu verdanken, daß das Getreide, ohne sich wesentlich zu verändern, über lange Zeiträume aufbewahrt werden kann und daß die Getreidekörner ihre Keimkraft und ihren Ernährungswert behalten. Unter der Samenschale sind, wie Waben aussehend, die **Aleuronzel-**

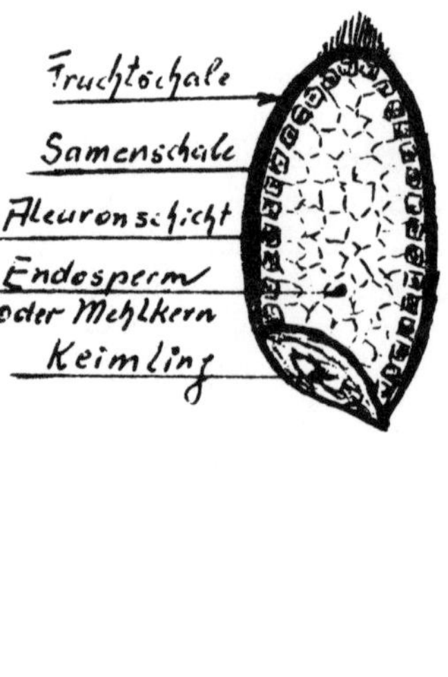

len zu finden. Mit ihrem besonders zarten Eiweiß und Fett, dem hohen Anteil an mineralischer Substanz und den Enzymen sind sie die geheimnisvollen Lebensspender für den heranwachsenden Keimling und bei der Nahrungsaufnahme ausserordentlich wertvoll für den Menschen. An die Aleuronzellen schließt der **Mehlkern**, auch Endosperm genannt, an. Beim Mehlkern nimmt, je weiter es der Mitte des Kornes zugeht, die mineralische Substanz, der präexistierende Zucker und der Gehalt an Fetten und Enzymen radikal ab. Dasselbe gilt für das Eiweiß. Dieses hat außerdem in der Kornmitte eine festere Struktur als in den Aleuronzellen. Dieses Eiweiß und festgefügte Stärkekörner füllen die Zellen des Endosperms. Sie stellen eine Art eiserner Reserve dar, denn sie werden, wenn die zarten, leicht löslichen Substanzen aufgebraucht sind, von der heranwachsenden Pflanze – nachdem sie von Enzymen aufgeschlossen wurden – als letzte Nahrungsreserve benötigt. Der **Keimling** selbst, am unteren Ende des Getreidekornes, liegt eingebettet und wohlbehütet im Getreidekorn. Von gleicher Zartheit wie bei den Aleuronzellen ist das Eiweiß und das Fett im Keimling. Um gleich zur Hand zu sein, wenn der Keimling sich regt, sind Zucker und Vitamine und die gerne tätigen Enzyme dem Keimling zugeordnet. Daß das, was dem heranwachsenden Keim zur Nahrung gereicht, auch uns ernähren und unser Leben erhalten kann, ist zu den großen Wundern der Natur zu zählen. Und nun wird es auch verständlich, warum das Getreide der Weggenosse des Menschen geworden ist.

Die Ausgewogenheit innerhalb der Getreidesubstanzen ist nur bei dem ganzen Getreidekorn zu finden. Der Mehlkern des Getreidekornes ist für die Ernährung des Menschen nur dann wertvoll, wenn auch die Randschichten zugegen sind. Fehlen die Randschichten des Kornes, dann verbleibt ein trauriges Fragment, welches uns in Form der Handelsmehle entgegentritt. Es erscheint unbegreiflich, daß die höchsten Preise für die ernährungsmäßig wertlosesten, hellsten Mehle erzielt werden. Die maschinelle Ausrüstung der Mühlenindustrie geht darauf aus, den höchstmöglichen Anteil heller, mineralarmer Mehle zu gewinnen und die Randschichten möglichst vollständig abzutrennen.

Es ist nach allem Vorhergesagten berechtigt, die Frage zu stellen, ob diese hellen Auszugsmehle noch zu den Nahrungsmitteln gerechnet werden dürfen, oder ob sie nur als Genußmittel einzustufen sind. Dunklere Handelsmehle stellen ebenso nur Fragmente dar, auch wenn sie einen höheren Ernährungswert durch größeren Anteil der Randschichten des Getreidekornes aufzuweisen haben.

Das „Beuteln" von Mehl, wobei das feine Mehl von den gröberen Bestandteilen getrennt wird, ist eine uralte Gepflogenheit. Das Brot der Armen war dunkel, das Brot der Vornehmen und Reichen war hell, was anscheinend dem Auge und Gaumen gefälliger war und heute noch zu sein scheint. Die Tendenz der „Verfeinerung" ist mit fortschreitender Technik nicht nur beim Müllereigewerbe zu beobachten.

Die Einsicht über den geringen Ernährungswert der hellen Mehle trat erst auf, als die durch die Zivilisation ausgelösten Krankheiten immer mehr um sich griffen, also in unserem Jahrhundert. Nun waren es die fortschrittlich Denkenden, die zu der Einsicht kamen, daß nur das ganze Getreidekorn eine entsprechende Ernährungsgrundlage für die Menschheit bilden kann, unter Miteinbezug der unverdaulichen Frucht- und Samenschale, die unserer Darmtätigkeit große Dienste leistet, was bei der unnatürlichen Lebensweise der heutigen Menschheit außerordentlich bedeutungsvoll ist. Trotz dieser Erkenntnisse ist es heute nur ein verhältnismäßig kleiner Menschenkreis, der die Folgerungen hieraus gezogen und sich zu einer Umstellung in der Ernährung durchgerungen hat.

Unerwähnt darf nicht bleiben, daß Gleichgewicht und Harmonie der Getreidesubstanzen in hohem Maße von den Anbaumethoden abhängig sind. Mineralische Düngung, auch Kunstdünger genannt, Stickstoff-Spätdüngung, Halmverkürzungsmittel, Pestizide (sogenannte Pflanzenschutz- und Schädlingsbekämpfungsmittel) des heutigen konventionellen Getreideanbaues stören das, was die Natur in so wunderbarer Vollkommenheit schenkte. Nur ein vom Boden her gesund aufgewachsenes Getreide in seiner Gesamtheit kann ein echtes Nahrungsmittel sein.

Man kann und darf die Augen nicht davor verschließen, daß zur Zeit nur ein verschwindend kleiner Teil des Welt-Getreideanbaues auf gesundem Boden erfolgt. Auch bei der Bereitung der Nahrungsmittel aus dem ganzen Korn stehen wir am Anfang einer neuen Entwicklung. In den meisten Ländern der Erde wird Brot aus hellem Mehl, welches aus dem Inneren des Getreidekornes stammt, gegessen. Wird der Mangel, der dadurch auftritt, nicht durch andere Nahrungsmittel ausgeglichen, müssen Krankheiten entstehen. Viele Länder sind – dies erkennend – zur künstlichen Vitaminisierung der Mehle übergegangen. Es ist dies ein Zugeständnis an die Essensgewohnheiten der Bevölkerung, jedoch nur ein mangelhafter Notbehelf und typisch für die absurde Denkungsweise unserer Zeit.

Leider vollzieht sich eine Umgewöhnung von hellem Brot auf Vollkornbrot selbst bei ärztlicher Empfehlung meist nur langsam. Hat man jedoch den Wohlgeschmack des Vollkornbrotes erfaßt, erscheint jedes helle Mehlbrot fade. Ein langer Weg liegt noch vor uns, bis die Einsicht in die Bedeutung des gesunden nahrhaften Brotes und des Empfindens für dessen Wohlgeschmack in weiten Kreisen Platz greifen wird.

Ein weiterer Gesichtspunkt ist es, daß das ganze Getreidekorn mit seinen hochwertigen Substanzen für die Ernährung des Menschen weit besser ausgenützt wird, als dies durch Fütterung der Tiere mit Getreide oder Getreideprodukten zum Zwecke der Fleischgewinnung der Fall ist. Durch Änderung der Essensgewohnheiten der Menschen könnte also dem Hunger in der Welt entgegengewirkt werden.

In der weiteren Folge unserer Betrachtungen steht nun die Vermahlung des Getreidekornes, welche bei der Weiterverarbeitung des Getreides zu Brot und Gebäck unerläßlich ist.

Als ideal kann nur ein Vermahlungsprozeß angesehen werden, der möglichst unmittelbar vor der Teigbereitung erfolgt. Das aufgebrochene Getreidekorn ist nämlich dem Luftsauerstoff ausgesetzt, und es beginnt augenblicklich die Oxydation, bei welcher vor allem die empfindlichen und für die Ernährung wichtigen Substanzen (z. B. Fette und Vitamine) angegriffen und zersetzt werden. Dies trifft allerdings nur für Produkte aus dem ganzen Korn zu. Helle Handelsmehle, die arm an diesen empfindlichen Substanzen sind, können, ohne bedeutende Veränderungen zu erfahren, auch ein Jahr gelagert werden. Dies ist ein bedenklicher Vorteil der hellen Mehle, der durch Verlust des biologischen Wertes erkauft ist.

Zur Vermahlung des Getreides werden seit altersher Natursteine, später auch Kunststeine, verwendet. In neuerer Zeit bestehen die Mahlaggregate in den Mühlenbetrieben aus Walzen von besonders gehärtetem Stahl, teils mit Riffeln versehen, teils sind es Glattwalzen. In beiden Fällen kommen durch die unvermeidbare Abnützung der Mahlwerkzeuge Spuren ihres Materials in das Mahlgut.

Durch das steigende Interesse der Haushaltungen, Getreide zur Bereitung der Speisen und zum Brotbacken frischvermahlen zu verwenden, sind in den vergangenen Jahren dankenswerterweise kleine Haushaltsmühlen – teils mit Handantrieb, teils mit Motorantrieb – entwickelt worden, bei welchen ebenfalls Unterschiede im Material der Mahlaggregate bestehen, d. h. sie sind entweder aus Stein oder Stahl angefertigt. Ein kleiner Hinweis sei hier gestattet, der aus Erfahrung gegeben werden kann: Man spare auf eine mit Motor angetriebene Mühle, weil sonst die Begeisterung an der Haushaltsbäckerei durch die mühevolle Handarbeit meistens erlahmt. Es sei denn, eine neue Stein-Hand-Mühle mit guter Leistung, bedingt durch größere Mahlsteine und mit einem bequemen, nicht zu mühsamen Handantrieb, käme auf den Markt.

Durch die verschiedenen Einstellmöglichkeiten der Haushalts-Mühlen können feinere oder gröbere Mahlprodukte erzeugt werden. Sie enthalten zwar auch mehlfeine Bestandteile in mehr oder weniger großen Mengen, können aber nicht als Mehle angesprochen werden. Der Fachmann bezeichnet sie als **Schrote.** Sie enthalten die Bestandteile des ganzen Kornes. Unter die Bezeichnung **Mehl** hingegen fallen solche Mahlprodukte, die eine feine, gleichförmige Körnung aufweisen und – wie schon oben beschrieben – nur einen Teil des Getreidekornes beinhalten.

Es erhebt sich nun die Frage, welche Schrotart, nämlich grob oder fein, gemahlen werden soll. Ein grobes Mahlprodukt (Grob-Schrot) nimmt bei der Teigbereitung das Wasser viel langsamer auf als ein feines Mahlprodukt, nämlich der Fein-Schrot. Bei groben Schroten läßt sich deshalb die richtige Teigfestigkeit viel schwerer treffen als bei feinen Schroten, welche das Wasser beim Kneten sofort voll aufnehmen. Das Nachsteifen des Teiges bei groben Schroten bereitet besonders den Laienbäckern Schwierigkeiten.

Außerdem enthalten grobe Mahlprodukte wenig mehlige Bestandteile und geben demnach bei den Gärprozessen magerere Nährböden gegenüber den fein gemahlenen Produkten ab. Dieser Umstand hat Einfluß auf die Lebendigkeit bzw. Gärfreudigkeit der Teige.

Nicht vergessen darf werden, daß durch das Vermahlen in ganz kleine Teilchen Hand in Hand die bessere Ausnutzung der Getreide-Inhaltsstoffe geht. Grober Schrot, welcher auch im Brot noch als solcher erscheint und ungenügend zerkaut wird, verläßt den menschlichen Organismus kaum genutzt. Dabei darf aber auch nicht vergessen werden, daß zur Anregung der Darm-Peristaltik ein Brot aus grobem Schrot förderlich sein kann. So wird die Art der Vermahlung davon abhängen, welche primäre Wirkungsweise erwünscht ist. Bei der Brotbereitung im Haushalt können beliebige Variationen vorgenommen werden, bis herausgefunden wird, welcher Feinheitsgrad des Schrotes der Familie am zuträglichsten ist.

B. Grundsätzliches zur Brotbereitung

Gleich welcher Art der ermahlene Getreideschrot auch ist, um ein Brot bereiten zu können bedarf es einer Besonderheit, nämlich des Teiglockerungsmittels. Bevor die verschiedenen Teiglockerungsmittel einer Betrachtung unterzogen werden, wenden wir unseren Blick zunächst in die Vergangenheit.

Die Menschheit kannte, als die Zerkleinerung der Samenkörner durch das Verreiben mit Steinen erfunden war, nur die Breinahrung. Als das Feuer dem Menschen in die Hand gegeben war, konnten aus dem Brei auf heißen Steinen Fladen gebacken werden. Die Fladen waren haltbar; es ergab sich nun die Möglichkeit, einen Vorrat zu halten. Die Fladenbereitung war der zweite Schritt auf dem Weg zum Brot.

Der größte Sprung aber gelang der Menschheit, als sie die selbsttätige (spontane) Gärung entdeckte und nutzbar machte. Niemand weiß, wer der Urheber dieser unermeßlich weittragenden Entdeckung war. Die Verherrlichung des Brotes auf ägyptischen Grabreliefs und Grabmalereien, z. B. „Der Pharao an seiner Brottafel", „Die Hofbäckerei des König Ramses", zeigen, daß das in Alchemie so bewanderte Volk der Ägypter bereits das Brotbacken in hohem Maße beherrschte und diese Kunst als etwas ganz besonderes verherrlichte.

Verfolgt man den Weg vom angerührten Brei aus Getreidemehl und Wasser bis zum fertigen Brot, dann ist zu erkennen, daß es einiger Kunstgriffe bedurfte, die erst vom Menschen gefunden werden mußten. Eine skizzenhafte Darstellung soll dies zur Anschauung bringen.

Getreidemehl + Wasser zu einem dünnen Brei verrührt und einer milden Wärme ausgesetzt, verbleiben von Sonnenuntergang bis Sonnenaufgang sich selbst überlassen.

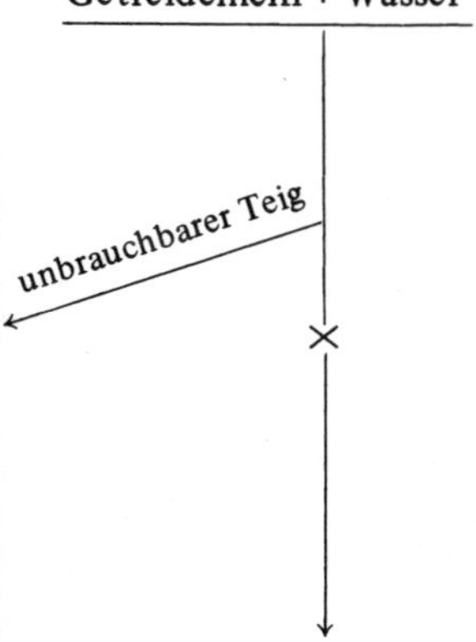

Beobachtung: säuerlicher Geruch, leichte Bläschenbildung. Wird dieser Teig sich weiterhin selbst überlassen, verdirbt er. Ein unangenehmer Geruch macht sich bemerkbar.

1. Kunstgriff vom Menschen gefunden: Zu dem Brei mit säuerlichem Geruch und Bläschenbildung wird erneut Getreidemehl und Wasser zugegeben und das Ganze verrührt. Dieser „vermehrte" Teig bleibt wiederum über einige Stunden sich selbst überlassen. Immer wieder (3 – 4 mal) erneute Zugabe von Getreidemehl und Wasser so, daß allmählich ein fester Teig entsteht. Nach jeweiliger Zugabe: Teigruhe.

Beobachtung: Nach wiederholter Vermehrung des Teiges durch Getreidemehl und Wasser schwillt der Teig immer mehr an. Auseinandergerissen zeigen sich unzählige kleine Hohlräume. Der Geruch hat sich gewandelt. Der säuerliche Geruch ist etwas zurückgetreten, ein alkoholischer Geruch kann wahrgenommen werden. Sobald der Teig genügend aufgegangen ist, muß die Form durch Hitze gefestigt werden. So erfand die Menschheit den

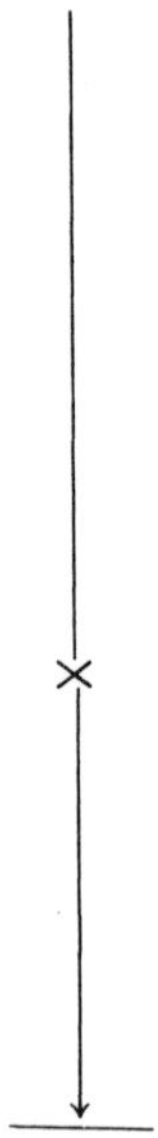

2. Kunstgriff, das Backen des Brotes, dem die Erfindung des Backofens vorangehen mußte. Das Backen beendet die Gärung, welche in diesem Falle eine selbsttätige (spontane) ist, da kein Gärmittel zugesetzt wurde.

Wäre die Brotbereitung auf dieser Stufe stehen geblieben, dann wäre die Folge gewesen, daß bei jedem neuen Backen die oben geschilderte, langwierige Prozedur in ihrer Gänze hätte durchgeführt werden müssen. Die Menschheit erfand jedoch den

BROT

3. Kunstgriff. Man behielt ein Stückchen des aufgegangenen, gegorenen Teiges vor dem Backen zurück. Damit war der „Sauerteig" erfunden. Dieser ist nun der Ausgangspunkt für jedes erneute Backen. Abends wird aus dem Sauerteig, einem Teil des zu verarbeitenden Getreidemehles und Wasser ein Vorteig bereitet, der bereits am nächsten Morgen eine lebhafte Gärung aufweist. Fügt man dann das restliche Getreidemehl, Wasser und Salz hinzu und knetet einen mittelfesten Teig, so ist dieser bereits nach einer Stunde aufgegangen und kann gebacken werden. In Verlegenheit kommt man, wenn man vergessen hat, Sauerteig zurückzubehalten.

Aus der Beobachtung bzw. einem damals vorhanden unmittelbaren Miterleben von Naturvorgängen wurde so herausgefunden, was zu tun war, um ein wohlschmeckendes, ansehnliches Brot zu erhalten.

Durch die Erfindung des Mikroskopes im 17. Jahrhundert entdeckte man die Gärungserreger, die zu den Mikroorganismen gerechnet werden und die – so klein sie auch sind – als große Umwandler innerhalb der Naturprozesse angesehen werden können. Von diesen unzähligen Kleinlebewesen sind bestimmte Bakterien und Hefen im gärenden Teig wirksam. Allmählich verschaffte man sich mittels des Mikroskops genaue Kenntnis der bei der Gärung verlaufenden Vorgänge im naturwissenschaftlichen Sinne.

Die Gärungsvorgänge, die oben phänomenologisch geschildert sind, sollen in Folgendem naturwissenschaftlich näher erklärt werden.

Getreidemehl + Wasser

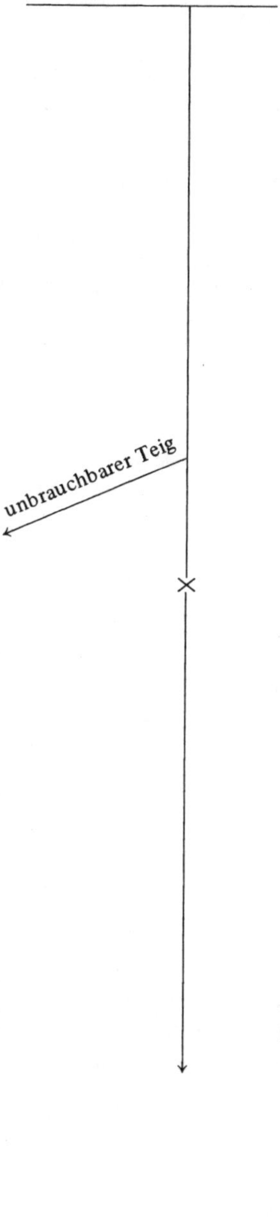

zu einem dünnen Brei verrührt und bei einer Temperatur von 25 bis 30 Grad C über 12 bis 24 Stunden sich selbst überlassen.

Mikroskopische Beobachtung: Eine große Anzahl von Bakterien sind festzustellen.

Bakterien sind kleinste und einfachst gebaute Lebewesen, sie vermehren sich durch Spaltung – werden aus diesem Grunde Spaltpilze genannt – sind überall verbreitet und außerordentlich bedeutungsvoll für die Lebensvorgänge auf unserer Erde. Die hier auftretenden Bakterien gehören hauptsächlich der Coli-Aerogenes-Gruppe an. Diese sind Säure- und Gasbildner, und zwar entstehen durch ihre Tätigkeit Milchsäure und Essigsäure einerseits, Kohlensäure und Wasserstoff als Gase andererseits. Die Nahrungsgrundlage für diese Bakterien bilden die Kohlenhydrate. Hefezellen sind in diesem Stadium kaum zu ermitteln.

Erfolgt keine Auffrischung durch Mehl und Wasser, so nehmen Fäulnisbakterien und Schimmelpilze überhand und der Teig verdirbt.

1. Kunstgriff: Auffrischung durch Zugabe von Getreidemehl und Wasser.

Mikroskopische Beobachtung: Die Bakterienflora weicht nach einigen Stunden zurück und Hefezellen sind in einer immer größer werdenden Anzahl festzustellen. Die Hefen sind Sproßpilze, Kleinstlebewesen, etwas größer als Bakterien und vermehren sich anders als diese, nämlich durch Sprossung.

Man gewinnt den Eindruck – und es ist auch nachgewiesen – daß die im Teig zunächst tätigen Bakterien die Voraussetzung schaffen müssen, daß die Hefen gedeihen können.

Die Bakterien bereiten ein Säure-Milieu und schließen unter Mitwirkung von Fermenten Stärkekörner in Malzzucker und Traubenzucker auf. Diese Zuckerarten sind es, welche für die Hefezellen die Grundlage für Wachstum und

Vermehrung bilden. Der damit verbundene Stoffwechsel ist der für die Teiggärung ausschlaggebende Prozeß.
Die Hefezellen nehmen den Zucker als Nahrung auf und verwandeln den Zucker in Alkohol und Kohlensäure gemäß folgender Formel:

$C_6H_{12}O_6 \longrightarrow$	$2\,C_2H_5\,OH$	+	$2\,CO_2$	+	21 Kalorien
Zucker	Alkohol		Kohlensäure		Energie

Diese bei der Umwandlung entstehende Energie ist die Grundlage für Wachstum und Vermehrung der Hefen. Der Alkohol verflüchtigt sich. Die Kohlensäure bildet die Poren im Teig und bewirkt daher das Aufgehen und die Lockerung desselben. Sie entweicht beim Backprozeß. So ist also die Kohlensäure, die an sich bei dem geschilderten Vorgang für die Lebensprozesse der Hefezellen nur ein Nebenprodukt ist, für unsere Teiglockerung das Entscheidende.
Durch erneute Zugabe von Getreidemehl und Wasser und entsprechende Ruhezeit des Teiges können diese Gärungsprozesse sinnvoll gelenkt werden. Eine entsprechende Raumwärme ist dafür unerläßlich und entscheidend. Begleitet werden die Hefen bis zum Schluß von der Bakterien- und Ferment-Wirksamkeit. Nun sind es aber andere Bakterien als die anfangs festgestellten. Diese anderen haben einen großen Einfluß auf das Aroma und den Geschmack.
2. Kunstgriff. In der Hitze des Ofens koaguliert das Getreideeiweiß und die Stärkekörner verkleistern; der Teig erstarrt. Die Temperatur im Inneren des Gebäcks liegt unter 100 Grad, während die Oberfläche eine Temperatur bis ungefähr 200 Grad erreicht, und die Kruste durch Dextrinierung, Karamelisierung und durch den Röstprozeß entsteht. Durch die Hitze während des Backprozesses findet die Gärung ihr Ende.

BROT

Aus dem Ofen kommt ein gänzlich neues Gebilde, das köstlich duftende Brot.
3. Kunstgriff. Der zurückbehaltene, gegorene Teig („Sauerteig") enthält eine Ansammlung von Bakterien, Säuren und Hefen, und so ist es zu erklären, daß dieser Sauerteig,

mit Getreidemehl und Wasser vermengt, bedeutend schneller einen gärenden Teig ergibt. Eine entsprechende Grundlage ist nämlich schon vorhanden und bedarf nur einer Vermehrung.

Es wurde hier das Prinzip der Brotbereitung auf der Grundlage der Teiggärung einmal phänomenologisch und einmal naturwissenschaftlich dargestellt. Bevor auf die einzelnen Teiglockerungsmittel eingegangen wird, soll zu der phänomenologischen und zu der naturwissenschaftlichen Betrachtungsweise eine Ergänzung, die vielleicht auch zu einer Vertiefung der Gedanken über den Gärprozeß führen kann, hinzugefügt werden.

Durch die Gärungsvorgänge wird die kohlenhydratreiche, eiweißhaltige, schwere Teigmasse von etwas Neuem durchzogen, wird belebt und ihrer Schwerfälligkeit enthoben. Diese Veränderung vollzieht sich nicht nur im Äußeren, auch die Getreideinhaltsstoffe erfahren eine Verwandlung. Den Teig durchziehen zwei neue Elemente, sie beleben und verwandeln ihn. Die Ursache des ersteren sind die hinzugekommenen Gärungserreger. Die Ursache des zweiten Elements sind die bei den Gärungsvorgängen sich bildenden Säuren, die – wie zum Beispiel die Milchsäure – so wohltätig auf den menschlichen Organismus wirken. Vertieft man sich in das Geschehen bei den Gärungsvorgängen, kann man eine gute Vorstellung von dem erhalten, was Dr. Steiner als „Entzauberung und Verzauberung" bezeichnet. Durch die Gärung wird der Teig zu einem Organismus. Die in ihm wirksamen Prozesse stehen in gegenseitiger Abhängigkeit. Jeder Einfluß, der auf den gärenden Teig von außen einwirkt, ruft eine Reaktion hervor, die das Ganze betrifft. Wie eine weiterschreitende Reifung erscheint die Gärung, die letztenendes, an ihrem optimalen Punkt angelangt, vom Backprozess unterbrochen und beendet wird und das Brot als eine Art neue Frucht hervorbringt. Die Prozesse bei der Brotbereitung kommen den Vorgängen entgegen, die sich später im menschlichen Organismus bei der Verdauung abspielen.

Es ist nicht zu übersehen, daß manche Menschen mit einer gewissen Skepsis oder Aversion den Gärungsvorgängen gegenüberstehen. In dieser Beziehung sind solche Menschen im Einklang mit jener östlichen Menschheit, welche bestrebt ist, sich vom Irdischen zu lösen und das gegorene Brot als zu irdische Nahrung ansieht und ablehnt.

Diesem entgegengesetzt wird bei dem Kultus der Christengemeinschaft, der in seinen wesentlichen Punkten von Rudolf Steiner inspiriert wurde, ein dem Gärungsprozeß entstammendes Brot beim Abendmahl gereicht.

Im Matthäus-Evangelium im XIII. Kapitel steht folgendes Gleichnis: „Das Reich des Himmels gleicht dem Sauerteig, den ein Weib nahm und unter drei Maß Mehl vermengte, bis alles Mehl durchsäuert war." Der Sauerteig wird als nicht zu gering erachtet, um von Christus Jesus mit dem Reich des Himmels in seiner Durchdringungs- und Verwandlungskraft verglichen zu werden.

So können Gedanken, die sich mit der Gärung befassen, aufschlußreich auch in anderer als der praktischen Beziehung sein.

Nunmehr sollen die verschiedenen Teiglockerungsmittel ihrem Wesen, ihrer Herstellung und ihrer Anwendungsmöglichkeit nach besprochen werden.

C. Arten der Teiglockerungsmittel

Als ältestes Teiglockerungsmittel ist

1. der Sauerteig (=Natursauer)

anzusehen, wie dies bereits oben erwähnt wurde.

Sauerteig kann verschiedenen Ursprungs sein. Je nachdem, welche Getreidearten dem Gärprozeß als Grundlage dienen, entwickeln sich jeweils unterschiedliche Gärungsorganismen mit ihren eigentümlichen Eigenschaften. Dadurch ergeben sich verschiedene Anwendungs- und Verarbeitungsmöglichkeiten.

Die Frage, welche Art des Sauerteiges in grauer Vorzeit zur Anwendung kam, ist für uns nicht zu klären. Das, was wir **heute** unter Sauerteig verstehen, wird auf Roggen-Grundlage gewonnen. Jeder versierte Bäckerfachmann ist in der Lage, sich aus dunklem Roggenmehl und Wasser durch spontane Gärung selbst einen Sauerteig zu bereiten, in welchem die Milchsäurebakterien und die Hefen (diese arteigenen Hefen werden „Sauerteighefen" benannt) durch entsprechende Maßnahmen wie z. B. Teigfestigkeit, Teigtemperatur und Stehzeiten des Teiges zu einer solchen Entwicklung gebracht werden, daß dieser Sauerteig für die Brotbereitung Verwendung finden kann.

Es hat sich also in diesem Sauerteig eine ganz bestimmte Mikroorganismenwelt heimisch gemacht, deren Entwicklung und Lebensart auf diesen Nährboden, nämlich das Roggenmehl, abgestimmt ist. Die Organismen haben im Wege der natürlichen Reinzucht eine Form erhalten, die sie als echte Kulturorganismen kennzeichnen.

Von Backhilfsmittelbetrieben wird heute ein Reinzucht-Sauer bereitet, auf den der Bäcker meistens zurückgreift, wenn sein eigener Sauerteig nicht mehr brauchbar ist. Privatpersonen werden, wenn sie mit Sauerteig backen wollen, zweckmässigerweise einen der wenigen Bäcker ausfindig machen müssen, welche noch Sauerteig in ihrer Bäckerei anwenden und ihnen sicherlich die erforderliche Sauerteigmenge abgeben.

Dieser Sauerteig ist überall dort bestens geeignet, wo vor allem ein Roggenprodukt verarbeitet werden soll. Bei reiner Sauerteigführung ohne Zusatz eines anderen Teiglockerungsmittels wird mit einer ungefähr 1%igen Sauerteigmenge (diese Prozentangabe bezieht sich auf die ganze zu verarbeitende Schrot- oder Mehlmenge) ein Vorteig unter Zusatz von Roggenschrot oder Roggenmehl und Wasser bereitet, welcher nach gewissen Zeiten zweimal mit Schrot oder Mehl und Wasser vermehrt werden muß, bevor der Hauptteig hergestellt werden kann. Diese 3 Stufen tragen in der Bäckersprache folgende Bezeichnung:

die 1. Stufe des Brotteiges ist der Anfrischsauer
die 2. Stufe ist der Grundsauer
die 3. Stufe ist der Vollsauer.

Hat man einen Sauerteig so weit geführt, dann kann man für das nächste Bakken von dem ausgereiften Vollsauer die erforderliche Teigmenge zurückbehalten und nunmehr den Hauptteig bereiten.

Die oben erwähnte Art der Teigführung wird in der Fachsprache „Dreistufenführung" benannt. Sie bedarf einer sorgsamen Pflege und eines fachlichen Könnens. In gewerblichen Betrieben wird ein reines Sauerteigbrot, d.h. ohne Zusatz eines anderen Teiglockerungsmittels (gemeint ist die Bäckerhefe, die weiter unten besprochen wird), kaum mehr bereitet, da durch die Empfindlichkeit des Sauerteiges eine gewisse Unsicherheit der Backergebnisse in bezug auf eine ausreichende Teiglockerung besteht.

Im Zuge des Rationalisierungsbestrebens verschwinden reine Sauerteigbrote immer mehr aus den Bäckereien. Eine Kurzsauerteigführung, bei welcher innerhalb **einer** Gärstufe ein Vorteig zum Zwecke der Teigsäuerung bereitet wird, findet noch am ehesten Anwendung. Das Lockern des Hauptteiges muß aber bei dieser kurzen Führungsart zum großen Teil von der bereits erwähnten Bäcker-Hefe übernommen werden. Immerhin wird bei dieser Kurzsauerführung, die auch „Einstufenführung" benannt wird, natürlicher Sauerteig verwendet. Dagegen werden heute „rationellere" Backmethoden zur Bereitung von Roggen- oder Roggenmischbroten angewandt, welche nichts mehr mit dem natürlichen Sauerteig zu tun haben und die weiter unten besprochen werden sollen.

Echte Sauerteig-Brote sind begehrt, weil sie ein gutes Aroma und eine gute Schmackhaftigkeit aufzuweisen haben. Von den meisten Menschen wird Sauerteigbrot auch gut vertragen.

Als weiteres Teiglockerungsmittel ist

2. die Preß- oder Bäckerhefe

zu benennen. Sie ist ein Kind des vergangenen Jahrhunderts.

Der Vollständigkeit halber muß erwähnt werden, daß bei der Brot- und Gebäckbereitung bereits im Altertum außer Sauerteig auch Gärschaum, der sich beim Brauen alkoholischer Getränke an der Oberfläche des Gebräues ansammelte, zur Anwendung kam. Genausowenig wie man die Ursachen der Sauerteiggärung erkannte, wußte man, warum Gärschaum eine Lockerung des Teiges bewirkte. Nach der Entdeckung des Mikroskops fand man, daß Gärschaum eine Ansammlung vieler Hefezellen enthielt, durch welche die Teiglockerung zustande kam. Nach gründlicher Erforschung der Gärungsorganismen konnte nunmehr der Weg beschritten werden, gewisse Gärungsorganismen zu isolieren und auf entsprechenden Nährböden oder in Nährlösungen zu vermehren. So kam es im Laufe der Zeit zur Erfindung der Bäckerhefe. Ausgehend von einer Hefezelle strebte man eine rasche Vermehrung gleichartiger Hefezellen auf einem sterilen Nährboden an und bemühte sich, eine reine Monokultur heranzuzüchten. Eine Auslese geeigneter Hefezellen wurde betrieben, d. h. solcher, die eine schnelle Vermehrung aufwiesen, fähig eines intensiven Stoffwechsels waren und sich besonders gut für die Teiglockerung eigneten.

In früheren Zeiten bildete bei der Fabrikation eine Getreidemaische den Nährboden für die Vermehrung der Hefezellen. Da Getreide ein zu kostspieliger und zu kostbarer Nährboden war, ging man zu Anfang des 1. Weltkrieges dazu über, Melasse, den Restsirup bei der Zuckergewinnung, als Nährboden bei der Hefefabrikation zu verwenden. Um die bei der Melasse noch fehlenden Nährstoffe zu ergänzen und eine intensive Vermehrung der Hefezellen bei der Fabrikation der Bäckerhefe zu erreichen, wurden und werden **anorganische Stoffe** als Phosphor- und Stickstoffquelle zugesetzt und zwar: Diammoniumphosphat, Ammoniumsulfat und Ammoniak. Die Hefezelle baut also ihr Eiweiß vollständig aus den genannten Stoffen auf. Da eine bakterielle Säuerung der Melasse bei der heutigen Hefefabrikation nicht üblich, eine Säuerung für die Entwicklung der Hefezellen aber erforderlich ist, wird Schwefelsäure oder Salzsäure zugesetzt.

Haben die Hefezellen ihre optimale Vermehrung erreicht, werden sie von der verbrauchten Melasse abzentrifugiert und nach mehrmaligem Waschen mittels angesäuerten Wassers in Filterpressen abgepreßt und in Knetmaschinen unter Zusatz von Wasser auf die gewünschte Festigkeit gebracht, um in Würfel gepreßt und dann verpackt zu werden.

Ein Gramm Bäckerhefe enthält rund 10 Milliarden einzelner Hefezellen. Diese große Zahl macht deutlich, warum durch die Bäckerhefe eine so schnelle, intensive Teiggärung hervorgerufen werden kann. Die Stoffwechselprodukte der Bäckerhefe sind ebenfalls Kohlensäure und Alkohol. Dieser Stoffwechsel spielt sich in gleicher Weise ab, wie dies bei den Hefezellen der spontanen Gärung bereits ausführlich beschrieben wurde. Die Kohlensäure bewirkt die Lockerung des Teiges.

Die Teiglockerung geschieht durch die Bäckerhefe zwar sehr intensiv und schnell, sodaß sie in diesem Punkte ihren Zweck sehr gut erfüllt. Da die Bäckerhefe aber aus gleichartigen Hefezellen besteht (eine Monokultur ist), sind die Vorgänge, die sich im Teig abspielen, einseitig insofern, als nur **diejenigen** Getreide-Inhaltsstoffe aufgeschlossen werden, welche die Hefe für ihre Vermehrung und ihren Stoffwechsel benötigt. Die anderen Umwandlungsprozesse der Getreideinhaltsstoffe, wie sie bei dem Sauerteig durch die Vielfalt der Mikroorganismen und der langen Gärzeiten auftreten und von so großer Bedeutung für Aroma, Geschmack und Bekömmlichkeit der Brote und Gebäcke sind, fehlen bei Verwendung der Bäckerhefe gänzlich. Man könnte daher sagen, daß die Teiglockerung durch Bäckerhefe gleich nach einer mechanischen Teiglockerung einzuordnen ist, bei welcher die Kohlensäure entweder unter Druck in den Teig eingearbeitet wird oder bei welcher die Teigbereitung mit kohlensäurehaltigem Wasser erfolgt. Wie bei der bisherigen Beschreibung der Bäckerhefe gesagt wurde, ist der Gärprozeß normalerweise sehr kurz. Er kann innerhalb einer Stunde, bei Anwendung großer Hefemengen sogar innerhalb einer halben Stunde beendet sein. Diese Art der Teigführung, bei welcher sofort der Hauptteig mit allen Zutaten bereitet wird, bezeichnet die Fachsprache als „Direkte Teigführung". Die verwendeten Hefemengen variieren zwischen 1% bis 8% Bäckerhefe, bezogen auf die gesamte Schrot- oder Mehlmenge.

Geeignet ist die Bäckerhefe vor allem für die Verarbeitung von Weizenprodukten. Die intensiv sich entwickelnde Kohlensäure wird eingefangen durch das Klebergerüst (Kleber ist eine Eiweißverbindung von großer Elastizität und Dehnbarkeit), welches nur der Weizen besitzt. Es entstehen im Teig unzählige kleinere und größere Poren, in denen die Kohlensäure – die später beim Backen entweicht – von elastisch-dehnbaren Teigwänden umschlossen wird. Diese besondere Eigenschaft der Weizenteige hat zur Folge, daß bei Anwendung von Bäckerhefe ein voluminöses Brot oder Gebäck erzielt wird. Das trifft vor allem bei helleren Weizenmehlen zu.

Es ist symptomatisch für unsere Zeit, daß die Qualitätsbeurteilung der Weizen in den Fachkreisen der Welt einseitig nach der Fähigkeit der Volumenausbildung beurteilt wird. Je größer das Gebäckvolumen einer Weizensorte ist, in eine um so bessere Qualitätsklasse wird sie eingestuft. Es wird also lediglich die „Verarbeitungsqualität", die sich vor allem auf das Gebäckvolumen bezieht, beurteilt. Die Nahrungsqualität bleibt unberücksichtigt. Hefebrote besitzen wenig Aroma, sie schmecken etwas fade und strohig. Hefegebäcke erhalten ihren Geschmack erst durch diverse Zutaten, oder zum Beispiel beim Kleingebäck durch den hohen Krustenanteil. Es ist bekannt, daß Hefebrote und Hefegebäcke von vielen Menschen nicht vertragen werden.

Eine kleine Verbesserung kann bei Verwendung der Hefe dadurch erzielt werden, daß – wie dies vor allem in früheren Zeiten üblich war – abends ein Vorteig aus etwas Hefe, Mehl und Wasser bereitet wird, welcher erst morgens seine Weiterverarbeitung zum Hauptteig erfährt. Diese Art der Teigbereitung bezeichnet der Fachmann als „Indirekte Teigführung". Das Aroma dieser so hergestellten Brote und Gebäcke verbessert sich durch die längeren Gärzeiten.

Bäckerhefe eignet sich aber weder bei der einen noch der anderen Teigführungsweise für das Verarbeiten von Roggenprodukten. Roggen bedarf der Säuerung.

3. Kunstsauer

Um den Vorteil der schnellen Brotbereitung mittels Bäckerhefe auch für die Bereitung von Roggen- oder Roggenmischbroten nutzbar zu machen, ging man in gewerblichen Backbetrieben vielfach dazu über, Kunstsauer (auch Trockensauer genannt) in Verbindung mit Bäckerhefe anzuwenden.

Kunstsauer wird durch Antrocknen oder Mischen von Säuren oder sauren Salzen an einen Trägerstoff, meist Quellmehl, hergestellt. Durch Zusatz dieses künstlichen Mittels erhalten die Teige den erforderlichen Säuregrad. Für die Lockerung dieser Teige verwendet man Bäckerhefe.

Die Verarbeitungszeiten verkürzen sich bei der Anwendung von Kunstsauer und Bäckerhefe gegenüber dem natürlichen Sauerteigverfahren wesentlich, weil sofort der Hauptteig bereitet und dieser nach ungefähr 1 Stunde Gärzeit verbacken werden kann. Diese Art der Brotbereitung ist bestechend wegen des schnellen Ablaufs der Arbeitsvorgänge in den Backbetrieben. Die Frage nach dem Aroma, der Schmackhaftigkeit und Bekömmlichkeit der so bereiteten Brote steht hierbei im Hintergrund.

Die Riech- und Geschmacksorgane der Menschen können weitergebildet, sie können aber auch verbildet werden. So kann man zum Beispiel erleben, daß Brote, welche mit einem Schimmelverhütungsmittel (Propionsäure) versetzt sind und welche dem Kundigen penetrant und unangenehm sauer riechen, von Unkundigen wegen des säuerlichen Geruchs für Sauerteigbrote gehalten werden. So ist es nicht zu verwundern, daß auch der Unterschied zwischen Natursauer- und Kunstsauerbrot von vielen Menschen nicht bemerkt wird.

Die Anwendung des Kunstsauers ist eine fragwürdige Maßnahme, werden doch zum Teil Säuren und saure Salze verwandt, die nichts mit dem zu tun haben, was ein Sauerteig an natürlichen Säuren enthält. Im günstigsten Fall kommt beim Kunstsauer Milchsäure, die in einem separaten Verfahren gewonnen wird, mit Quellmehl verbunden, zur Anwendung. Jedoch auch hierbei ist zu bedenken, daß ein Unterschied besteht, ob die Milchsäure in organischem Zusammenhang im Teig selbst zur Entwicklung kommt (wie dies beim Sauerteig der Fall ist), oder ob sie separat hergestellt und dann dem Teig zugesetzt wird. Durch die Anwendung des Kunstsauers erklärt sich auch der wenig aromatische Geschmack vieler heutiger Brotsorten und ihre schlechte Bekömmlichkeit, die besonders von magenempfindlichen Personen immer wieder festgestellt wird.

Dazu muß gesagt werden, daß das Streben nach Rationalisierung die Brot- und Gebäckbereitung heute maßgebend beeinflußt und nicht, wie dies bei einem

Hauptnahrungsmittel der Fall sein sollte, das Bemühen einer Schaffung echter Nahrungsqualität im Vordergrund steht.

Dieser einseitigen Zielrichtung, welche übrigens auf dem gesamten Ernährungssektor heute leider noch zu weiterer Steigerung tendiert, traten zu Beginn unseres Jahrhunderts mehrere Gegenströmungen entgegen, die zunächst nur von wenigen getragen und begriffen wurden – in diesem Zusammenhang braucht man sich nur an die biologisch-dynamische Wirtschaftsweise zu erinnern – die aber augenscheinlich von Jahr zu Jahr immer größere Menschenkreise aufmerksam werden lassen.

Dieses Geschehen zeichnet sich auch bei der Brotbereitung ab. Bäckereien beginnen, den Kunstsauer aus ihren Betrieben zu verbannen und kehren wieder zu der aufwendigeren Natursauerteig-Führung bei der Brotbereitung zurück. Auch bemüht man sich seit geraumer Zeit, ein neues Teiglockerungsmittel für die Brot- und Gebäckbereitung zu finden.

Dies zuletzt erwähnte Bemühen kann als neuer Impuls unseres Jahrhunderts betrachtet werden. Als hochwertiges Mittel für diesen Zweck wurde der Bienenhonig gefunden.

Ein solches Brot ist unter der Bezeichnung

Honig-Salzbrot

bekannt.

Wie in Nachfolgendem zu lesen ist, geht diese Verwendung von Bienenhonig möglicherweise schon auf frühere Zeiten zurück, gilt doch der Bienenhonig als ältestes Gärungsmittel der Menschheit. Doch dürfte es erlaubt sein, ein solcherart erneutes Aufgreifen und Weiterführen eines Gedankens auch als neuen Impuls zu bezeichnen. Über den Ursprung der Verwendung von Bienenhonig für die Brotbereitung gibt es unterschiedliche Ansichten, die oft leidenschaftlich vertreten werden.

Um – soweit dies möglich ist – diese Frage einer Klärung entgegenzuführen, sollen die zur Verfügung stehenden schriftlichen Mitteilungen wiedergegeben werden.

In der Zeitschrift „MITTEILUNGEN des landwirtschaftlichen Versuchsringes der Anthroposophischen Gesellschaft" Nr. 14, März 1928, ist folgender Aufsatz zu finden:

„Brotbereitung mit Honig" von Paul Burghardt

. . . Es war schon im Mittelalter und, wie die Anhänger der Mazdaznanlehre behaupten, bei den alten Persern üblich, das Brot mit Zusatz von Honig, Salz und Öl herzustellen. Auch heute sind solche sogenannte Mazdaznanbrote vielfach unter dem Namen „ungegorenes Brot" im Handel und werden fabrikmäßig herge-

stellt. Die Behauptung „ungegorenes Brot" ist natürlich Unsinn. Es gibt kein „ungegorenes" Brot. Ungegorene Brote sind lediglich solche, die mit chemischen Lokkerungsmitteln, z. B. Weinstein, Natron, Chlorammonium oder Wasserstoffsuperoxyd gelockert sind. Wo aber irgend ein Gebäck entsteht, welches ohne Zusatz dieser Chemikalien Poren aufreißt, so hat bestimmt eine Gärung, sei es nun Spontangärung oder Hefegärung oder Sauerteiggärung, stattgefunden.

Es war mir vergönnt, vor einigen Jahren einmal Dr. Steiner über die Brotfrage, über die Lockerungsmittel und über die Beschaffenheit des zu verwendenden Mehles zu sprechen. Er legte damals weniger Wert auf das Gärmittel, als vielmehr darauf, daß zum Brot das ganze Getreidekorn incl. Keim, Samenhülle (sogen. Silberhäutchen) und Eiweißzellen verwendet würde. Aus dieser Unterredung, die mir damals unser verehrter Herr Dr. Steiner gewährte, ist das sogenannte Burghardtbrot entstanden.

Ich habe selbst schon jahrelange Versuche gemacht, ein gutes Brot mit Honig und Salz zu bereiten. Der Zusatz von Honig, vielleicht noch in Verbindung mit Öl, wirkt sehr günstig auf die Beschleunigung der Spontangärung und auf eine gleichmäßige Lockerung des Brotes und gibt eine mürbere Rinde. Als geeignetste Zusatzmenge nenne ich: zu 10 Kilo Weizenschrotmehl 1/2 Pfund Honig, 1/4 Liter gutes pflanzliches Öl, 7 Liter Wasser, etwa 40 Grad warm und 150 g Salz. Zu einem Brot wie vorstehend angegeben, wird kein sogenannter Vorteig oder Hefel gemacht, sondern Honig und Salz werden im Wasser aufgelöst und dann mit dem Öl und dem Mehl vermengt. Je nach Beschaffenheit des Mehles ist mehr oder weniger Wasser nötig. Ein gutes, mindestens 1stündiges Durchkneten ist erforderlich. Nachdem der Teig in Backformen gefüllt ist, muß er an einem warmen, zugfreien Platz einige Stunden stehen und wird dann in mittelheißem Ofen gebacken. Die Backzeit ist bei ca. 200 Grad 2 1/2 – 3 Stunden. Zu bemerken wäre noch, daß sich die Spontangärung nur für Vollkornbrote, nicht aber für solche aus weißem Mehl eignet. . . .

So weit die Ausführungen von P. Burkhardt.

In der gleichen Nummer der erwähnten Zeitschrift wird in einem anderen Aufsatz und zwar: „Denkschrift über Bereitung von Mehl und Brot" von Fr. Schyre das Burghardt-Brot folgendermaßen charakterisiert:

1. Die gleichzeitige Verwendung der 4 Hauptgetreidearten nach einem Mischungsverhältnis, das von Herrn Dr. Steiner angegeben war.

2. Die Verwendung vieler Zusätze; außer den heute noch gelegentlich üblichen Zusätzen Fenchel, Kümmel und Anis werden insbesondere Walnüsse und Haselnüsse in gerösteter Form dem Brot zugesetzt.

3. Zum Treiben des Brotes soll keine Hefe und kein Sauerteig, sondern ein „Trieb" aus Honig und Salz verwendet werden.

Besonders sei noch hingewiesen auf die Verwendung von Honig, welche gut verstanden werden kann auf Grund der Bedeutung, welche Herr Dr. Steiner dem Honig für die Ernährung des Erwachsenen zuschreibt . . .

Dem letzten Satz dieses Memorandums glaubten wohl manche Leser entnehmen zu können, daß Dr. Steiner den Honig zur Brotbereitung empfohlen habe. Abgesehen davon, daß bei genauem Lesen diese Schlußfolgerung nicht berechtigt ist, steht sie im Widerspruch zu folgendem:

1. Paul Burghardt sagt in seinem Aufsatz „Brotbacken mit Honig" wie oben gelesen werden kann: *Er (gemeint ist Dr. Steiner, Anm. d. Verf.) legte damals weniger Wert auf das Gärmittel . . .*

2. In der oben erwähnten „Denkschrift über Bereitung von Mehl und Brot" von Fr. Schyre schreibt dieser: *In kurz zusammenfassender Weise berichtet Herr Ehrenfried Pfeiffer: Im Wesentlichen gingen die Angaben Dr. Steiners darauf hin, daß vor allem Sauerteig verwendet würde, die Gärung über Nacht erfolgen und das Backen am Morgen erfolgen soll.*

Ein weiterer schriftlicher Hinweis über die Verwendung von Honig zur Brotbereitung ist zu finden in der „Ernährungslehre" (Erstauflage 1951) von Dr. Rudolf Hauschka im 27. Kapitel.

Hier heißt es:

Honig und Salz, der dichteste und feinste Stoff, erzeugen zwischen sich ein Kraftfeld. Rudolf Steiner hat darauf hingewiesen, daß das neue Brot in dem Spannungsfeld zwischen Honig und Salz bereitet werden soll.

Leider gibt Dr. Hauschka für seinen Hinweis auf den Zusammenhang zwischen Dr. Steiner und der Brotherstellung mit Honig und Salz keinen Quellennachweis an. Dies ist bedauerlich, zumal ein Widerspruch dieser Aussage zu den oben zitierten Veröffentlichungen aus dem Jahre 1928 besteht.

Um eine Aufklärung dieser Widersprüchlichkeiten hat sich Dr. Albert Diefenbach bemüht. In der Zeitschrift „Beiträge zu einer geisteswissenschaftlichen Ernährungshygiene" Nr. 44, Winter 1971, schreibt Dr. Diefenbach in dem Aufsatz „Warum ist Brot nicht mehr unser Hauptnahrungsmittel?" auf Seite 68 folgendes:

Die einzige Angabe, die R. Steiner vermutlich über die Brotbereitung gemacht hat, ist die, daß er empfahl, dem Brot gemahlene Nüsse beizugeben. Ganz verbürgt ist diese Angabe auch nicht. Es wäre aber verständlich, dem Getreide noch eine Ergänzung zu geben aus einem anderen Fruchtbereich. Erwähnt sei auch noch das Honig-Salz-Brot. Bei ihm wird der im Honig quasi kulminierende Blütenprozeß auf die Brotbereitung übertragen. Es ist dies ein neuer Weg, der hier beschritten wurde. Man gibt zu frisch vermahlenem Weizenschrot etwas Honig, nebst Wasser und Salz, und überläßt diesen Teig in den Backformen der Selbstgärung während einiger Stunden bis zum Backen. Es resultiert ein sehr schmackhaftes Brot, das lange frisch bleibt und gut sättigt. Die Schwierigkeit bei der Herstellung liegt in der leichten Übersäuerung des Teiges, der sehr wärmeempfindlich ist. Dieses Brot wurde in der Hausbäckerei des Klinisch-Therapeutischen Institutes Dr. Ita Wegman in den Jahren um 1930 hergestellt. Es ist aber nicht gelungen, es stets gleichmässig zu bekommen im handwerklichen Sinne. Das Rezept stammte aus dem Mazdaznan-Kochbuch aus dem Jahre 1912, S. 9 f. Man hatte seiner Zeit an dieses Brot große Erwartungen gestellt, und es wurde in Küche und Laboratorium viel experimentiert. (Dr. Hauschka glaubte, die Angaben für dieses Brot seien von Dr. Steiner. Der Verfasser hat sich in dieser Sache mit Dr. Hauschka noch vor wenigen Jahren besprochen und den Irrtum aufgeklärt.) In der Folge hat dann ein erfahrener süddeutscher Bäcker, Hugo Erbe, den Honigtrieb im Brot aufgegriffen und versucht, den erwähnten Schwierigkeiten durch einen Honig-Vorteig mit Zusatz von Leguminosenmehl zu begegnen. Obwohl sein Verfahren patentiert wurde, konnte es sich auch nicht durchsetzen. Nach den Ideen von Hugo Erbe stellt Frau A. Pokorny (Baumschulenweg, D-6100 Darmstadt-Land 3) ein Backferment her, mit dem das Backen dieses Brotes wesentlich erleichtert ist.

Zur Bereitung von Honig-Salzbroten sind mehrere Rezepte im Umlauf. Das Rezept, nach welchem Paul Burghardt arbeitete, ist oben erwähnt. Das Original-Rezept der Mazdaznan-Bewegung hat Dr. Diefenbach ausfindig gemacht. Außerdem ist auch bekannt ein Rezept von Hans Leinhos, Kassel, in dessen Bäckerei über viele Jahre Honig-Salzbrote gebacken wurden. Wie bereits von Paul Burghardt in dem oben zitierten Aufsatz beschrieben wurde, handelt es sich bei den Honig-Salzbroten um eine durch Bienenhonig beeinflußte spontane Gärung, die bei jeder Brotbereitung neu in die Wege geleitet werden muß. Es ist bekannt, daß Bienenhonig, wenn ein gewisser Wassergehalt überschritten wird, zu gären beginnt. Diese Eigenschaft des Honigs haben sich in früheren Zeiten viele Völker zunutze gemacht und aus dem Honig Gärungsgetränke bereitet, wie zum Beispiel den Met. Verursacht wird diese Gärung des Honigs durch die Nektarhefen, welche die Bienen zusammen mit dem Nektar aufnehmen.

Die Nektarhefe (Anthomyces reukauffii) ist eine besondere Hefeart. In diesem Zusammenhang sei erwähnt, daß es eine große Anzahl verschiedenster Hefearten in der Natur gibt. Diese siedeln sich vor allem dort an, wo ihnen das entgegenkommt, was ihren Lebensnotwendigkeiten am besten entspricht. Finden die Hefen die richtige Nahrungsgrundlage, außerdem ausreichend Wärme und Wasser, dann geraten sie in Tätigkeit (d. h. Stoffwechsel und Vermehrung setzen ein) und zwar umso intensiver, je vollkommener die Verhältnisse den Lebensbedingungen dieser Hefen angepaßt sind. Dies muß bei der Bereitung der Honig-Salzbrote berücksichtigt werden, d h. es müssen besonders günstige Bedingungen geschaffen werden, um die Gärung richtig in Gang zu setzen. Dazu ist es nötig, die entsprechende

Teigfestigkeit, die richtige Teigbearbeitung und die günstigste Wärme für den Teig zu finden, was nicht ohne weiteres gelingt und einer größeren Erfahrung bedarf. Diesem Umstand ist es zuzuschreiben, daß die Qualität der Honig-Salzbrote sehr unterschiedlich ist. Bei dieser Brotbereitung wird ja auch kein fertiges Teiglokkerungsmittel verwendet, sondern der Erfolg hängt davon ab, inwieweit der Honig spontan in Gärung gerät.

Bei den Honig-Salzbroten handelt es sich auch im besten Fall um dichte, schwere Brote, die gut gekaut werden müssen. Wenn die Backzeiten über mehrere Stunden dauern, ist bei diesen Broten ein süßlicher Geschmack festzustellen, der auf eine Dextrinierung zurückzuführen ist.

Die Beliebtheit und Verträglichkeit der Honig-Salzbrote ist sehr unterschiedlich. Sie reicht von großer Begeisterung bis zu völliger Ablehnung dieser Brotart.

Spezial-Backferment nach Hugo Erbe

Eine Weiterführung der Brotbereitung auf Honigbasis erfolgte, wie aus dem obigen Zitat hervorgeht, in den Dreißigerjahren unseres Jahrhunderts durch Hugo Erbe. Bei seiner neuen Erfindung wird die spontane Gärung nicht – wie vorher bei dem Honig-Salzbrot beschrieben – bei der Brotbereitung eingeleitet, sondern der Honiggärungsprozeß wird unter bestimmten Bedingungen vorweggenommen und verselbständigt, sodaß ein fertiges Teiglockerungsmittel entsteht, das, bei der Brot- und Gebäckbereitung verwendet, eine lebhafte Gärung des Teiges bewirkt.

Um den Nektarhefen eine gute Entwicklungsmöglichkeit zu geben, wird zu ihrer Ernährung etwas Leguminosenmehl, seines hohen Eiweißgehaltes wegen, hinzugefügt. Der Hauptanteil bei diesem spontanen Gärungsprozeß mit Bienenhonig ist aber das Brotgetreide.

Die Verwendung von Leguminosenmehl war schon im Altertum üblich. So findet man in dem Buch „So wurde Brot aus Halm und Glut" von Walther Adrian folgende Anmerkung:

Bereitung von Gärstoffen (Fermenta) im alten Rom. Wörtliche Übersetzung nach Plinius, Naturalis Historia XVIII 102: Um aber Gärstoff für Gerstenbrot zu gewinnen, nimmt man Mehl von Erven (ervum: eine der Wicke verwandte Hülsenfrucht) oder Kichererbsen. Für 5 Halbscheffel Brotmehl genügen 2 Pfund Gärstoff.

Neu jedoch und von Hugo Erbe erfunden war die gemeinsame Verwendung von Bienenhonig, Leguminose und Getreide, die sich nunmehr in dem neuen, als „Spezial-Backferment" bezeichneten Teiglockerungsmittel verbanden. Der Honig entstammt dem Blütenbereich, die Leguminose dem Erdbereich und das Getreide ist der Repräsentant der Mitte. Es vermittelt, verbindet, harmonisiert. So entstand ein neues Teiglockerungsmittel mit neuen, außergewöhnlichen Eigenschaften. Die Ergebnisse der Arbeiten von Hugo Erbe in seinem und seiner Gattin Backbetrieb in Ulm waren durch die Kriegseinwirkungen fast verloren gegangen. Im Jahre 1965, welches auch das Todesjahr von Hugo Erbe ist, gelang es, die Arbeiten an dem Spezial-Backferment im Getreidelabor des Forschungsringes für Biologisch-Dynamische Wirtschaftsweise wieder aufzugreifen und das Backferment bis zur Praxisreife zu entwickeln. Dies war allerdings nur möglich durch die großherzige Unterstützung von Dr. Peter v. Siemens, dem an dieser Stelle ein besonderer Dank ausgesprochen wird.

Das Spezial-Backferment ist ein f e r t i g e s Teiglockerungsmittel, dies insofern, als es, angewendet, von selbst die gewünschte zuverlässige Gärung auslöst, sodaß man sich nicht bemühen muß, die sogenannte spontane Gärung hervorzurufen, die wegen ihrer Unkontrollierbarkeit an und für sich problematisch ist. Das Spezial-Backferment hat gleichmäßige Gärungseigenschaften und läßt sich auch von Laienbäckern leicht handhaben. Präzise ausgearbeitete Rezepte sind nachfolgend zu finden. Seine Besonderheit liegt darin, daß es sowohl für Roggen als auch für Weizen geeignet ist und sich auch Gerste, Hafer, Mais, Reis und Hirse, entweder in hohen Zusätzen (40% bis 80%) oder alleine für sich verarbeiten lassen. Daß sogar Manioka-Mehl (das ist Mehl aus einer afrikanischen Wurzel) in Verbindung mit Weizenschrot zu einem einwandfreien Brot verbacken werden kann, das trotz 60% Maniokamehl kaum von Weizenschrotbrot zu unterscheiden ist, muß hervorgehoben werden. Denn diese Möglichkeit könnte von großer Bedeutung für die Welternährung werden.

Auf das gute Aroma sowie die Schmackhaftigkeit der Backferment-Brote muß hingewiesen werden. Zusammen mit der außergewöhnlichen Bekömmlichkeit wird dies von einem großen Menschenkreis immer wieder festgestellt und sehr geschätzt.

Das Spezial-Backferment liegt in seinem endgültigen fertigen Zustand als ein trockenes Granulat vor. Der Wassergehalt dieses Granulats ist ungefähr 10%. Diese Zustandsform hat sich als besonders günstig erwiesen, weil dadurch eine gute Haltbarkeit garantiert ist. Die Gärungsorganismen halten sich nämlich in diesem trockenen Zustand lange Zeit unverändert. Durch Prüfungen wurde ermittelt, daß die Haltbarkeit des Backfermentes sich über einen Zeitraum von mehreren Jahren erstreckt; dennoch wird empfohlen, die Lagerung des Backfermentes auf 1 Jahr zu begrenzen. Das Besondere dieser trockenen Zustandsform ist außerdem, daß das Backferment-Granulat ohne jegliches Risiko in alle Erdteile verschickt werden kann und auch wird. Durch die Möglichkeit der Vorratshaltung kann sich jeder dieses Mittel bereithalten und ist dadurch in der Lage, **jederzeit** diese besonderen Brote und Gebäcke herzustellen.

D. Das Backen mit dem Spezial-Backferment nach Hugo Erbe

Soll nun das Spezial-Backferment beim Backen zur Anwendung kommen, dann ist es zunächst erforderlich, die eingetrockneten Gärungsorganismen wieder zu aktivem Leben zu „erwecken". Um dies zu erreichen ist es nötig, dem Backferment-Granulat folgendes zuzuführen:

1. Wasser
2. kohlenhydratreiche Nahrung
3. Wärme

Dies bedeutet, daß man das Backferment-Granulat zunächst in Wasser auflösen, sodann mit Getreideschrot und Mehl vermengen und an einem warmen Ort über einen längeren Zeitraum stehen lassen muß. Die Gärungsorganismen des Backfermentes, welche das für sie erforderliche säuerliche Milieu im Granulat bereits mitbringen, geraten allmählich in Tätigkeit, was sich darin äußert, daß der mit dem Backferment-Granulat angesetzte Teig von Bläschen durchzogen ist.

Setzt man erneut warmes Wasser, Getreideschrot und Mehl hinzu, dann können die Gärungsorganismen ihre volle Kraft entfalten. Stoffwechsel und Vermehrung der Gärungsorganismen setzen verstärkt ein; es kommt nach einigen Stunden Stehzeit an einem warmen Ort zu einem kräftigen Aufgehen des Teiges, der, am höchsten Entfaltungspunkt angelangt, ungefähr das Dreifache seines anfänglichen Volumens einnimmt. Dieser fertig ausgereifte Teig ist eine besondere Art „Sauerteig".

Er kann nunmehr für die Brot- und Gebäckherstellung verwendet werden und ist jederzeit zur Hand, da er sich über einen langen Zeitraum (3 Monate bis zu 1/2 Jahr) im Kühlschrank aufbewahren läßt.

Bezeichnet wird dieser Teig als **Grundansatz**, denn er bildet die für die Brot- und Gebäckbereitung erforderliche Grundlage. Der Grundansatz trägt, ebenso wie das Spezial-Backferment-Granulat die Gärungsorganismen in sich, welche vor allem von dem ursprünglichen Gärungserreger, nämlich dem Bienenhonig, herrühren.

Folgendermaßen lautet die genaue Anweisung zur

Grundansatz-Bereitung

1. Stufe: In einem geeigneten Gefäß werden
20 g Spezial-Backferment-Granulat, d. i. ein gehäufter Eßlöffel in ca.
220 ccm Wasser, d. i. 1 Kaffeetasse randvoll, klümpchenfrei aufge-

löst. Wassertemperatur ca. 40 Grad C.

Dazu ein Gemisch aus:

100 g Weizenschrot mittelgrob und

100 g Weizenmehl (z. B. DEMETER-Mehl Type 550)

Gut vermengen! Dieser Teig soll weich sein, es soll sich aber kein Wasser absetzen. Der Teig bleibt **15 – 24 Stunden** bedeckt stehen. Die günstigste Temperatur für diesen Teig liegt bei **30 Grad C.** Bei dieser Temperatur ist der Teig dieser ersten Stufe bereits nach 15 Stunden reif, was sich durch Bläschenbildung zeigt.

Die Mindest-Temperatur beträgt 20 Grad C. Bei dieser Temperatur muß der Teig 24 Stunden stehen bleiben.

2. Stufe: Sodann werden zu diesem Teig gegeben:

70 – 100 ccm Wasser, d. i. ca. 1/2 Kaffeetasse, knapp oder gut bemessen, je nachdem, wie fest der Grundansatz gewünscht wird. Wassertemperatur 40 Grad C. Das Wasser unter den Teig mengen.

Dazu kommt ein Gemisch aus:

150 g Weizenschrot mittelgrob und

150 g Weizenmehl (z. B. DEMETER-Mehl Type 550)

Wieder gut vermengen! Je nach Wasserzugabe erhält man einen mittelfesten oder festen Teig. Wiederum gut bedeckt stehen lassen. Auch für diese zweite Stufe der Grundansatz-Bereitung liegt die günstigste Temperatur bei 30 Grad C. Bei dieser Temperatur ist der Teig bereits nach 5 Stunden um das 2 1/2 bis 3fache des anfänglichen Volumens angestiegen und somit gebrauchsfertig. Bei niedrigeren Temperaturen, z.B. bei 20 Grad C, währt die Zeit bis zum Ausreifen bis zu 24 Stunden.

Das Resultat dieser Manipulation ist der fertige Grundansatz, der jetzt der Gärungsträger ist und einen zarten, angenehmen Gärduft aufzuweisen hat.

Damit sich dieser Grundansatz möglichst lange hält und jederzeit zur Hand ist, wird er in einem Schraubglas im Kühlschrank aufbewahrt.

Trotz ausführlich ausgearbeiteter Rezeptur, welche der Backferment-Bäcker erhält, treten doch noch Fragen auf, die einer Erläuterung bedürfen. Diese Hilfe sei deshalb an dieser Stelle durch Zusammenfassung der häufigsten Fragen durch entsprechende Antworten gegeben.

1. Frage: Benötigt man den Grundansatz unbedingt zur Brotbereitung mit dem Spezial-Backferment?

Antwort: Ja. Der richtig bereitete Grundansatz gibt die Gewähr für eine intensive Gärung der Brot- und Gebäckteige und somit für einwandfreie Backwaren. Fehlerhafte Brote und Gebäcke sind oft auf einen fehlerhaften Grundansatz zurückzuführen.

2. Frage: Muß jeder Laienbäcker oder Bäcker sich den Grundansatz selbst bereiten?

Antwort: Nein. Es ist vielfach üblich, daß selbst Backbetriebe sich in regelmässigen Abständen den fertigen Grundansatz zuschicken lassen, um sich diese Arbeit zu ersparen.

3. Frage: Was ist bei der Grundansatz-Bereitung unter „geeignetem Gefäß" zu verstehen?

Antwort: Als geeignetes Gefäß ist z. B. ein Einmachglas von hoher Form, Inhalt 2 – 3 Liter, anzusehen. In einem solchen Gefäß kann der Teig nicht zu breit auseinanderlaufen. Außerdem sind alle Vorgänge durch das Glas gut zu beobachten. Das Gefäß muß mit einem Deckel oder Teller bedeckt werden können. Dies ist von ganz großer Wichtigkeit, denn es soll zwar ein gelinder Luftaustausch stattfinden, der Teig darf aber an der Oberfläche nicht abtrocknen, weil sonst die Gärung unterbunden wird.

4. Frage: Warum wird Weizenschrot mittelgrob, zusammen mit dem verpönten hellen Mehl bei der Grundansatz-Bereitung verwandt?

Antwort: Für den angestrebten **milden** Grundansatz eignen sich Weizenprodukte am besten. Durch den mittelgroben Weizenschrot wird eine lockere, luftige Teigstruktur erzielt. Durch das helle Weizenmehl wird den Gärungsorganismen eine kohlenhydratreiche Kost angeboten, die sie unbedingt benötigen und durch welche sie sich schnell entwickeln. Würde ein dunkles Mehl verwendet werden, hätte dies eine stärkere Säuerung zur Folge, was sich dann auch bei den Broten und Gebäcken bemerkbar machen würde.

5. Frage: Welchen Einfluß hat die äußere Temperatur bei der Grundansatz-Bereitung?

Antwort: Auch die Kleinlebewesen haben ihre bestimmten Lebensbedingungen, bei welchen sie sich am besten entwickeln können. Bei den Gärungsorganismen und gleicherweise bei den Milchsäurebildnern ist dies, die Temperatur betreffend, im Bereich von 27 bis 33 Grad C, im Mittel also bei 30 Grad C. Bei dieser Temperatur gelingt der Grundansatz immer, wenn alle anderen Bedingungen ihre Beachtung finden. Sinkt die Temperatur unter 20 Grad C, sind die Bedingungen für die Gärungsorganismen so ungünstig, daß ihre Entwicklung nur zögernd vonstatten geht und somit das Gelingen des Grundansatzes infrage gestellt ist. Der Grundansatz kann bei zu niedrigen Temperaturen nicht ausreifen und erweist sich für die Brot- und Gebäckbereitung als ungeeignet.

6. Frage: Wie kann die erforderliche äußere Wärme für die Grundansatz-Bereitung im Haushalt erreicht werden?

Antwort: Um für die Grundansatz-Bereitung im Haushalt die erwünschte Temperatur von 27 bis 33 Grad C zu erzielen, gibt es verschiedene Möglichkeiten. Zum Beispiel das Gefäß mit dem Teig in die Nähe der Heizung stellen (niemals auf die Heizung, es sei denn, diese ist nicht wärmer als 35 Grad C). Günstig erweist sich die sehr gleichmäßige Temperatur im Heizungskeller. Auch eine Kochkiste, die man sich selbst zusammenbasteln und durch Wärmflasche oder erwärmte Ziegelsteine warm halten kann, ist geeignet. Bei manchen Kühlschränken entströmt an der hinteren Wand warme Luft, die eine Temperatur von 30 Grad C aufweist. Auch dorthin kann man das Glas stellen und es mit einem Tuch bedecken, um möglichst eine gleichmäßige Temperatur zu halten.

7. **Frage:** Wenn der Grundansatz bei der Herstellung am Ende der 2. Stufe um das Zweieinhalb- bis Dreifache seines Volumens angestiegen ist und danach wieder zusammenfällt, hat dies ungünstige Folgen?

Antwort: Nein. Wenn der Grundansatz, nachdem er am Ende der zweiten Stufe entsprechend angestiegen ist, dann zusammenfällt, bedeutet das nur, daß das Optimum der Gärung überschritten und der Grundansatz nunmehr ausgereift und gebrauchsfertig für die Brot- und Gebäckbereitung ist. In diesem Zustand sollte der Grundansatz in Schraubgläser (3/4 voll) gefüllt und in den Kühlschrank gestellt werden.

8. **Frage:** Was hat es zu bedeuten, wenn der Grundansatz im Kühlschrank (im Schraubglas fest verschlossen) noch stark zu gären beginnt?

Antwort: Wenn bei dem Grundansatz im Kühlschrank noch eine starke und nachhaltige Gärung einsetzt, so hat dies zu bedeuten, daß der Grundansatz bei der Herstellung nicht ausgereift war, daß der Gärungsverlauf durch irgend einen Umstand gehemmt worden ist. Meistens ist zu breites Gefäß, das Abtrocknen des Teiges oder die zu niedrige Temperatur die Ursache. Allerdings ist auch beim ausgereiften Grundansatz ein Ansteigen zu beobachten, wenn der Grundansatz z. B. von einem Glas in ein anderes umgefüllt, d. h. der Teig bewegt wird. Deshalb sollte das Schraubglas nur 3/4 angefüllt in den Kühlschrank gestellt werden.

9. **Frage:** Wie lange hält sich der Grundansatz im Kühlschrank?

Antwort: Grundansatz von festerer Konsistenz hält sich immer besser als weicher Grundansatz. In mehrere Schraubgläser verteilt, sollte der Grundansatz an der kühlsten Stelle im Kühlschrank untergebracht werden. Die Haltbarkeit ist dann mehrere Monate, bis zu 1/2 Jahr.

10. **Frage:** An der Oberfläche des Grundansatzes bildet sich bei längerem Aufbewahren ein grauer Belag oder aber es setzt sich Flüssigkeit ab, welche dunkel gefärbt ist. Was hat dies zu besagen?

Antwort: Bei dem grauen Belag handelt es sich um arteigene Hefen, welche sich an der Oberfläche vermehrt absetzen. Hefen haben von Natur eine graue Farbe. Was die Flüssigkeit betrifft, so ist dies überschüssiges Wasser. Die Verfärbung rührt ebenfalls von Hefen her. Diese Flüssigkeit kann abgegossen werden. Bei der nächsten Grundansatzbereitung sollte der Teig der zweiten Stufe mit geringerer Wassermenge bereitet werden.

11. Frage: Wenn der Grundansatz zur Neige geht, kann man ihn auf irgendeine Weise verlängern?

Antwort: Ja, dies ist sogar sehr gut möglich und kann bei Zimmertemperatur vorgenommen werden, wobei der Grundansatz auf die zehnfache Menge vermehrt wird. Und zwar werden: 100 g Grundansatz und 30 g Spezial-Backferment-Granulat mit 350 bis 400 ccm Wasser von 40 Grad C klümpchenfrei aufgelöst. Sodann wird ein Gemisch von 300 g Weizenschrot und 300 g Weizenmehl (z. B. DEMETER-Mehl Type 550) untergemengt, sodaß ein homogener Teig erhalten wird. Diesen läßt man, in einer nicht zu großen Schüssel, gut bedeckt, bei Zimmertemperatur (ca. 20 Grad C) über Nacht stehen. Die Oberfläche des Teiges darf nicht abtrocknen!

Nach ungefähr 12 Stunden ist dieser vermehrte Grundansatz so gut durchgegoren, daß man ihn in Schraubgläser (3/4 gefüllt) geben und in den Kühlschrank stellen kann. Dieser vermehrte Grundansatz wird in gleicher Weise wie der frischbereitete Grundansatz verwendet. Geht dieser vermehrte Grundansatz wieder zur Neige, verfährt man in der gleichen oben angeführten Weise und verwendet dazu den bereits einmal vermehrten Grundansatz. Durch die Zugabe des Spezial-Backferment-Granulates wird immer eine Auffrischung erzielt.

Beobachtet man nach einigen Vermehrungen ein Nachlassen der Gärkraft, dann stelle man sich frischen Grundansatz her oder lasse sich frischen Grundansatz zusenden.

12. Frage: Kann man anstatt Grundansatz auch vom Teig der vorhergehenden Brotbereitung etwas zurückbehalten und zum erneuten Backen verwenden?

Antwort: Ja, dies ist möglich. Eine Beschreibung hierfür findet sich im weiteren Verlauf dieser Ausführungen.

Nach diesem Versuch, bei der Grundansatz-Bereitung eventuell auftretende Fragen zu klären, soll nunmehr die Beschreibung folgen über die Verwendung des Grundansatzes für die

Brot- und Gebäckbereitung

Wie bereits erwähnt, stellt der Grundansatz eine besondere Art Sauerteig dar, in welchem alle Gärungserreger bzw. Fermente des Honigs, bis hin zu den Aromabildnern, konzentriert vorhanden sind. Bei der Brot- und Gebäckbereitung erfolgt eine weitere Vermehrung dieser Fermente. Dies geschieht, indem abends ein Vorteig aus einer kleinen Menge Grundansatz und Backferment-Granulat, Wasser und Getreideschrot oder Mehl oder Gemisch der beiden, bereitet wird.

Dieser Vorteig trägt die Bezeichnung **Teigansatz.**

Der Teigansatz verbleibt über Nacht gut bedeckt bei Zimmertemperatur (ca. 20 Grad C) sich selbst überlassen. Morgens ist der Teigansatz von unzähligen Gärbläschen durchzogen, was sich besonders gut beobachten läßt, wenn man die Oberfläche des Teiges aufreißt.

Unter Zugabe von Getreideschrot oder Mehl oder Gemisch, Salz und sehr warmem Wasser zu dieser ausgereiften Teigstufe, wird ein geschmeidiger Teig, der **Hauptteig**, bereitet. Dieser verbleibt für kurze Zeit gut bedeckt an einem warmen Ort stehen. Danach ist der Teig so gut aufgegangen, daß er locker und leicht geworden ist. Nunmehr können Teigstücke abgeteilt und geformt und in Backkästen oder Gärkörbchen gelegt werden. Wiederum nach kurzer Zeit sind die Teigstücke so gut aufgegangen, daß sie in den Ofen geschoben und gebacken werden können.

Diese Art der „Teigführung" wird vom Fachmann als **Einstufenführung** bezeichnet, weil **vor** dem Hauptteig **ein** Vorteig (d. i. **ein** Teigansatz) bzw. **eine** Teigstufe bereitet wird. Für die Arbeit mit dem Spezial-Backferment kann diese einstufige Teigführung als die „klassische Arbeitsmethode" angesehen werden. Mehrstufige Arbeitsweisen (es gibt solche bis zu vier Stufen), interessieren wegen des längeren Zeitbedarfs meist nicht mehr. Kürzere Arbeitsweisen werden weiter unten beschrieben.

Nunmehr soll das genaue Rezept zur Brotbereitung mit der

Einstufenführung

mitgeteilt werden.

1. Teigansatz: 10 g Grundansatz, d. i. ein gut gehäufter Teelöffel
3 g Spezial-Backferment-Granulat, d. i. ein leicht gehäufter Teelöffel
300 – 400 g Schrot oder Mehl oder Gemisch der beiden
300 – 400 ccm Wasser, handwarm ungefähr 40 Grad C

In einer entsprechend großen Schüssel (kein Plastik, kein Aluminium), werden in einem kleinen Teil des abgemessenen Wassers der Grundansatz und das Spezial-Backferment-Granulat klümpchenfrei aufgelöst. Dann fügt man das restliche Wasser sowie den Schrot (oder Mehl oder das Gemisch der beiden) hinzu und vermengt die Masse gründlich. Verwendet man für den Teigansatz 300 g Schrot (oder Mehl oder Gemisch) dann wird das Brot besonders mild.

Bedeckt mit einem Deckel, einer Platte oder einer Frischhalte-Folie verbleibt dieser Teigansatz mindestens 12 Stunden bei Raumtemperatur stehen. Eine Temperatur von 20 Grad C ist zum Ausreifen des Teigansatzes völlig ausreichend.

Von dem ausgereiften Teigansatz kann man für das nächste Backen 10 g (oder auch mehr) abnehmen, um ihn anstatt des Grundansatzes beim nächsten Backen zu verwenden. Diese abgenommene Menge Teigansatz wird so wie der Grundansatz auch in einem Schraubglas im Kühlschrank aufbewahrt. Von Zeit zu Zeit sollte jedoch immer wieder mit frischem Grundansatz neu begonnen werden.

2. Hauptteig-Bereitung:

Zu dem ausgereiften Teigansatz werden hinzugefügt

700 g oder 600 g Schrot oder Mehl oder Gemisch der beiden (so daß die Gesamtmenge 1 kg beträgt)

10 – 18 g Salz (in etwas Wasser auflösen und über den Schrot schütten)

und soviel **sehr** warmes Wasser von 55 bis 60 Grad C, daß ein geschmeidiger Teig entsteht. Die erforderliche Wassermenge richtet sich nach der Art des Getreides bzw. des Mehles. Zur Verarbeitung von 1kg Schrot oder Mehl werden insgesamt (d. h. für den Teigansatz und für den Hauptteig) ungefähr 750 ccm Wasser benötigt.

Der Hauptteig wird nun gut durchgeknetet, sodaß ein homogener Teig entsteht. In fünf bis höchstens zehn Minuten ist dies geschehen. Gut bedeckt, damit er nicht abtrocknet, kann der Hauptteig an einen warmen Ort (nicht über 35 Grad C) gestellt werden. Nach 30 bis 40 Minuten muß sich eine gute Lockerung des Teiges zeigen.

Dieser gut aufgegangene Teig wird in Stücke geteilt, geformt, in gefettete Backkästen oder gut ausgemehlte Gärkörbchen gelegt und verbleibt wiederum 30 bis 40 Minuten bedeckt stehen. Die Oberfläche der Teigstücke darf nicht abtrocknen. Wenn die Teigstücke gut aufgegangen sind, können sie gebacken werden.

Die Backtemperatur ist 220 bis 250 Grad C, je nach Anzahl der eingeschobenen Teigstücke. Bei einer Teigeinlage von 1160 g erhält man 1 kg Brot. Dieses ist bei genannter Temperatur innerhalb 1 Stunde gut durchgebacken und gut gebräunt.

In Fragen und Antworten soll nun das Wesentliche auch für den Vorgang der Brotbereitung herausgestellt und es sollen eventuelle Unklarheiten beseitigt werden.

1. Frage: Was versteht man unter einer „entsprechend großen Schüssel" und aus welchem Material soll diese Schüssel sein?

Antwort: Die Größe der Schüssel richtet sich nach der zu verarbeitenden Menge. Zur Verarbeitung von 1 kg Schrot oder Mehl oder Gemisch der beiden reicht eine Schüssel mit einem Inhalt von 5 Litern aus. Auf keinen Fall darf die Schüssel zu groß sein, damit der Teigansatz nicht verläuft und die Gärung dadurch unterbunden wird. Besitzt man nur eine zu große Schüssel, dann kann man sie so schräg stellen, daß der Teigansatz in faustdicker Schicht beeinander bleibt.

Steingut- oder Porzellanschüsseln eignen sich besonders gut zum Backen im Haushalt. Es können aber auch Schüsseln aus rostfreiem Stahl oder unverletzte emaillierte Schüsseln oder Töpfe verwendet werden.

2. Frage: Was macht man, wenn der Teigansatz wegen ungünstiger Raumtemperatur z. B. unter 20 Grad C nicht genügend ausreift?

Antwort: In diesem Falle kann man sich so helfen, daß man von vornherein für den Teigansatz eine 2- bis 3fache Menge an Grundansatz verwendet. Die Benutzung einer Kochkiste hilft ebenfalls über diese Schwierigkeit hinweg.

Ein unausgereifter Teigansatz sollte niemals verwendet werden, weil dann kein gutes Backresultat zu erwarten ist. Einen noch nicht reifen Teigansatz stelle man gut bedeckt einige Stunden an einen warmen Ort oder in ein Wasserbad (nicht über 35 Grad C), bis er offensichtlich ausgereift ist.

3. Frage: Welche Temperaturen sind für die richtige Ausreifung des Teigansatzes am günstigsten?

Antwort: Die günstigste Temperatur liegt bei 20 bis 23 Grad C. Niemals darf der Teigansatz über Nacht zu warm gestellt werden. Steht der Teigansatz zu warm, z. B. bei 30 Grad C, dann wird er bereits früher als nach 12 Stunden reif und vergärt, wenn er weit über diese Zeit so warm stehen bleibt. Dadurch zeigt sich ein sehr ungünstiger Einfluß auf den weiteren Verlauf der Gärungsvorgänge beim Hauptteig und bei den Teigstücken. Diese Gefahr besteht nicht, wenn der Teigansatz bei niedrigerer Temperatur (also ca. 20 Grad C) länger als 12 Stunden stehen bleibt.

4. Frage: Wie weiß man, daß der Teigansatz gut ausgereift ist?

Antwort: Die Merkmale eines richtig ausgereiften Teigansatzes sind folgende: Der Teigansatz hat sich etwas durch die Gärung gehoben. Reißt man die Oberfläche auf, so zeigt sich ein von vielen Poren durchsetzter Teig, dem ein angenehmer (nicht saurer) Gärgeruch entströmt. Der Anblick ist so überzeugend, daß die Frage „ist dieser Teigansatz auch richtig ausgereift" gar nicht auftritt.

5. Frage: Wenn man vom ausgereiften Teigansatz eine bestimmte Menge für das nächste Backen abnimmt und im Schraubglas im Kühlschrank aufbewahrt, hält sich dieser auch so lange wie der Grundansatz?

Antwort: Der ausgereifte Teigansatz sollte nicht zu lange aufbewahrt werden, höchstens 14 Tage. Fleißiges Backen bringt nicht nur viel Erfahrung mit sich; es werden auch unliebsame Probleme durch Überalterung vermieden.

6. Frage: Wieso wird das Brot besonders mild, wenn eine geringere Schrotmenge (laut Rezept 300 g anstatt 400 g) für den Teigansatz verwendet wird?

Antwort: Verwendet man eine geringere Schrotmenge für den Teigansatz (entsprechend obigem Rezept 300 g), so ist die Menge der sich bildenden Milchsäure naturgemäß geringer als bei 400 g. Diese Reduzierung der Menge genügt, um das Brot so milde zu machen, daß überhaupt kein säuerlicher Geschmack in Erscheinung tritt.

Wünscht man besonders kräftiges Brot (z. B. Roggenbrot), dann kann man den Schrotanteil bei dem Teigansatz auch auf 500 g erhöhen, wobei die Wassermenge gleicherweise zu erhöhen ist. Diese Maßnahme ist besonders ratsam, wenn in ungünstigen Erntejahren Auswuchsroggen vorliegt. Dieser braucht, um ein gut schnittfähiges Brot zu ergeben, eine kräftigere Säuerung.

7. Frage: Welche Getreide-Arten lassen sich mit dem Spezial-Backferment zu Brot verarbeiten?

Antwort: Roggen, Weizen und Gerste lassen sich nach dem oben angeführten Rezept zu ausgezeichnetem Brot verbacken. Für Hafer, Mais, Hirse und Reis kommen besonders ausgearbeitete Rezepte zur Anwendung.

8. Frage: Wie soll der Getreideschrot für das Backen von Brot beschaffen sein?

Antwort: Ein fein gemahlener Getreideschrot wird vom menschlichen Organismus besser ausgenützt und läßt sich außerdem bei der Brotherstellung leichter handhaben. Sollen grobe Schrote verarbeitet werden, dann ist darauf zu achten, daß auch noch mehliger Anteil vorliegt, um den Gärungsorganismen genügend Nahrung für ihre Entwicklung zu bieten. Es ist empfehlenswert, groben Schrot mit etwas warmem Wasser 1 Stunde vor der Bereitung des Hauptteiges vorzuquellen.

9. Frage: Kann auch Mehl alleine (ohne Schrot) zur Brotbereitung verwendet werden?

Antwort: Dies ist ohne weiteres möglich. Man kann Roggenmehl und Weizenmehl mischen oder auch Roggenmehl alleine verarbeiten. Weizenmehle alleine ergeben, bedingt durch den zähen Kleber, kompaktere Gebäcke als man dies gewohnt ist. Bei Weizenmehlen ist es deshalb günstig, 1/3 Weizenschrot hinzuzunehmen. Bei der Verwendung von Mehlen sollte im übrigen bedacht werden, daß der Nährwert geringer ist, weil die Mehle nicht aus dem ganzen Getreidekorn gewonnen werden.

10. Frage: Darf man das sehr warme Wasser (von 55 – 60 Grad C) direkt in den Teigansatz schütten, wenn man den Hauptteig bereitet?

Antwort: Dies zu tun ist nicht ratsam und auch nicht erforderlich. Wenn man auf den ausgereiften Teigansatz zunächst den Getreideschrot gibt und dann erst das sehr warme Wasser darüber schüttet und sofort mit dem Durcharbeiten und Kneten beginnt, verteilt sich die Temperatur schnell auf die gesamte Teigmasse.

11. Frage: Wie erkennt man, ob die Festigkeit des Hauptteiges richtig ist?

Antwort: Die Teigfestigkeit richtig zu treffen ist eine Erfahrungssache und richtet sich auch danach, was für eine Getreide-Art und was für ein Getreide-Produkt zu verarbeiten ist, ferner ob das Teigstück in einer Backform oder frei, also ohne Form gebacken werden soll. Die im Rezept angegebene gesamte Wassermenge von 750 ccm Wasser (für den Teigansatz **und** für den Hauptteig) zur Verarbeitung von 1 kg Schrot, Mehl oder Gemisch ist als „Faustregel" anzusehen.

Bei den Weizenprodukten kann der Hauptteig weicher, d. h. geschmeidig sein. Gleiches gilt, wenn höhere Zusätze an Gerste, Hafer, Hirse, Mais und Reis verwendet werden. Roggenteige sollten hingegen etwas fester gehalten werden, also mit geringerer Wassermenge beim Hauptteig bereitet werden. Der Grund hierfür liegt in der unterschiedlichen Verkleisterungsfähigkeit der Getreide-Stärken während des Backprozesses. Roggen benötigt nämlich weniger Wasser beim Backprozeß als die übrigen Getreide-Arten.

Wird in Backformen gebacken, kann der Teig weicher sein. Bei freigeschobenen Broten muß der Teig fester sein, um zu verhindern, daß das Teigstück zu breit läuft während des Backens.

An den fertigen Broten ist zu erkennen, ob die Wasserzugabe beim Hauptteig richtig war. Bei zu geringer Wasserzugabe erhält man Brote mit rissiger, krümeliger Krume. Bei zu hoher Wasserzugabe ist die Brotkrume feucht und pappig. Die Verwendung der richtigen Wassermenge beim Hauptteig ist auch von entscheidendem Einfluß auf Aroma und Geschmack.

12. Frage: Was macht man, um auch weichere Hauptteige einwandfrei in Teigstücke abzuteilen und formen zu können?

Antwort: Zur Verarbeitung (Teilen und Formen) des Hauptteiges wird immer „Streumehl" verwendet. Am besten eignet sich feingemahlener Weizen- oder Roggenschrot.

Beim Abteilen fasse man den Teig „kurz" an, so als ob er heiß wäre, damit er nicht zu innig mit der Hand in Berührung kommt und klebt. Es ist günstig, die Hände in das Streumehl zu tauchen. Zur Bearbeitung des Teigstückes wird auch auf die Unterlage (Tisch) Streumehl gegeben. Ist der Teig zu weich geraten, kann man auch jetzt noch etwas Feinschrot einarbeiten, um die Teigfestigkeit zu korrigieren. Bei richtiger Konsistenz des Hauptteiges lassen sich die Teigstücke unter sparsamer Verwendung von Streumehl mühelos bearbeiten.

13. Frage: Wie werden die Teigstücke bearbeitet und geformt?

Antwort: Wenn Gelegenheit besteht, sollte man sich die Bearbeitung der Teigstücke vom Fachmann im Zeitlupentempo zeigen lassen. Als Hilfe für den Laienbäcker kann folgender Hinweis dienen: Man lege das abgeteilte Teigstück vor sich auf die bemehlte Unterlage. Nun fasse man einen Teil des Teigrandes (am besten mit beiden Händen) und drücke diesen in die Mitte des Teigstückes. Sodann drehe man das Teigstück ein wenig, um einen weiteren Teil des Teigrandes in die Mitte des Teigstückes zu drücken. So verfahre man weiter, bis auf der Oberseite (durch das Eindrücken des gesamten Teigrandes) der „Teigschluß" entsteht, der nun lauter Falten aufweist, während die Unterseite des Teigstückes glatt und gespannt sein soll. Gelingt dies nicht sofort, dann wiederhole man die Prozedur. Diese Bearbeitung des Teiges wird „Wirken" benannt. Dieses rund gewirkte Teigstück kann in ein gut ausgemehltes Gärkörbchen (runde Form) mit dem Teigschluß nach oben gelegt werden. Will man ein längliches Teigstück erhalten, dann drücke man das rund gewirkte Teigstück mittels Handballen quer durch die Mitte leicht ein, falte den so entstandenen oberen Teil des Teiges zur Mitte, desgleichen den unteren Teil und rolle den Teig zu einer Walze, sodaß ein gerade verlaufender Teigschluß gleich einer Linie entsteht. Das walzenförmige Teigstück wird nun mit dem Teigschluß nach unten in die gefettete Backform gelegt oder mit dem Teigschluß nach oben in ein längliches, gut ausgemehltes Gärkörbchen. Die Teige der Gärkörbchen werden vor dem Backen auf das Backblech gestülpt, sodaß der Teigschluß nach unten kommt. (Gärkörbchen sind aus Peddigrohr, man erhält sie in Bäcker-Einkaufsgeschäften).

14. Frage: Wie lernt man beurteilen, ob die Gare des Hauptteiges sowie der Teigstücke in Ordnung ist?

Antwort: Der Hauptteig muß so locker sein, daß man begeistert ist und die Frage „ist er wohl richtig gegangen" gar nicht auftritt. Durch Aufreißen des Hauptteiges von Hand kann die Lockerung am besten beobachtet werden. Die Voraussetzung für eine einwandfreie Gare des Hauptteiges ist der einwandfreie Teigansatz, wie in den Antworten der Fragen 2 – 5 besprochen.

Wichtig ist, daß der Hauptteig entsprechend warm ist. Die günstigste Temperatur liegt bei 30 Grad C. Diese Temperatur wird durch das sehr warme Wasser bei der Bereitung des Hauptteiges erzielt. Ein so warm bereiteter Hauptteig (ca. 30 Grad C), ist in 30 bis 40 Minuten auch bei Zimmertemperatur gut aufgegangen. Stellt man den Hauptteig an einen warmen Ort (nicht über 35 Grad C), verkürzt sich die Gärzeit. Selbstverständlich muß der Hauptteig in jedem Falle so abgedeckt werden, daß die Oberfläche nicht abtrocknet. Bei den Teigstücken ist zu beachten, daß diese in **angewärmte** Formen gelegt werden. Dadurch wird ein Abkühlen der Teige vermieden. Gut bedeckt kann man die Teigstücke, wenn der Hauptteig warm genug (ca. 30 Grad C) war, auch bei Zimmertemperatur ausreifen lassen. An einen warmen Ort gestellt, verkürzt sich die Gärzeit der Teigstücke. Aber auch hierbei sollte die Temperatur 35 Grad C nicht übersteigen, da sonst der Teig zu schnell in Übergare gerät.

Dauern die Gärzeiten beim Hauptteig und bei den Teigstücken länger als in dem Rezept angegeben, dann liegt ein Fehler vor. Durch sorgfältiges Überprüfen der Handhabungen und durch Beobachtung der einzelnen Gärphasen läßt sich jeder Fehler auffinden.

15. Frage: Welche Backformen sollten verwendet werden?

Antwort: Man kann Backformen aus Schwarz- oder Weißblech, Jenaer Glas oder Römertöpfe verwenden. Römertöpfe müssen vorher gewässert, dann abgetrocknet und wie alle Backformen gefettet werden. Bei Bereitung von „freigeschobenen" Broten, wird das Teigstück in gut ausgemehlte (auch Feinschrot kann verwendet werden) Gärkörbchen aus Peddigrohr gelegt (siehe auch Frage Nr. 13) und nach beendeter Gare auf das Backblech gestülpt. Da das Backblech sehr glatt ist, laufen die Teige stärker auseinander als einem lieb ist. Um dies zu vermeiden, kann ein gefetteter Rand einer Tortenform das Teigstück zusammenhalten oder man legt ein 5 cm breites, mehrmals gefaltetes, gefettetes Band aus Alu-Folie um das Teigstück. Die Enden des Alu-Bandes werden am einfachsten mit einer Büroklammer zusammengehalten. Nach halber Backzeit wird der Tortenrand bzw. das Alu-Band zwecks besserer Bräunung entfernt. Auf diese Weise kann man erreichen, daß auch die freigeschobenen Brote aus geschmeidigen Teigen bereitet werden können und dadurch sehr locker werden.

Sollte Brot in Weißblechformen nicht genügend bräunen, dann kann es nach einer 3/4 Stunde aus der Form genommen und so lange weiter gebacken werden, bis sich eine gute Bräunung ergibt.

16. Frage: Welche Ofentemperatur ist entsprechend?

Antwort: Die richtige Ofentemperatur hängt von der Ofenart und von der Füllung des Ofens ab. Die zu empfehlende Anfangstemperatur liegt bei 220 bis 250 Grad C. Nach einer 1/2 Stunde Backzeit kann auf 200 Grad C zurückgeschaltet werden. Ein Maß für die richtige Temperatur ist, wenn 1 kg Brot (Teigeinwaage = 1160 g) innerhalb 1 Stunde gut durchgebacken und gut gebräunt ist. Man beachte, daß bei vielen Haushaltsherden die Temperatur-Einstellung nicht mit der effektiven Temperatur im Backrohr übereinstimmt.

17. Frage: Wie vermeidet man zu dicke Krustenbildung?

Antwort: Die Voraussetzung für eine gute Krustenbildung ist ein gut aufgegangenes Teigstück. Lange Backzeiten bei niedrigen Temperaturen haben eine dickere Krustenbildung zur Folge, während bei höheren Backtemperaturen und kürzeren Backzeiten eine dünnere Kruste erzielt wird. Siehe auch Frage und Antwort Nr. 16.

18. Frage: Wird durch höhere Backtemperaturen der Nährwert der Brote vermindert?

Antwort: Die höheren Backtemperaturen wirken nur auf die Oberfläche des Teigstückes und bewirken eine schnellere Bräunung. Im Inneren des Teigstückes steigt die Temperatur nicht über Siedetemperatur. Die Einbuße an Vitaminen zum Beispiel ist bei niedrigeren Backtemperaturen und längeren Backzeiten (Backzeiten von einigen Stunden) größer, als dies bei höheren Backtemperaturen und geringeren Backzeiten (eine bis eineinhalb Stunden) der Fall ist.

19. Frage: Was hat es zu bedeuten, wenn die Kruste an der Oberfläche des Brotes trotz langer Backzeit nicht richtig bräunt?

Antwort: Die Bräunung des Brotes kann sich nur vollziehen, wenn das zu bakkende Teigstück an der Oberfläche nicht abtrocknet. Um das Abtrocknen zu vermeiden, stellt man eine feuerfeste, mit kochendem Wasser gefüllte Schale unten in die Backröhre. Diese Wasserschale kann nach 20 Minuten Backzeit wieder entfernt werden. Auch durch geschlossene Backformen, z. B. Römertopf oder Jenaer Glasschalen kann das Abtrocknen verhindert werden. Der Deckel sollte aber nach ca. 20 Minuten entfernt werden, damit der Teig durch den sich entwickelnden Dampf nicht gedrückt wird, sondern sich entsprechend heben kann.

20. Frage: Darf man Brot in den Backformen auskühlen lassen?

Antwort: Werden Blechformen verwendet, muß das Brot sofort nach dem Bakken aus den Backformen kommen, da es ansonsten Geruch und Geschmack des Blechs annimmt. Bei Jenaer Glas und Römertöpfen ist ein Abkühlen in der Form möglich, vor allem, wenn man eine weiche Kruste wünscht. Doch ist bei einer feuchten, weichen Kruste die Gefahr der Schimmelbildung bedeutend größer als bei trockener Kruste. Darum läßt man frisch gebackene Brote auf einem Rost abkühlen, bevor man sie in die Brotdose legt.

21. Frage: Wie soll Brot aufbewahrt werden.?

Antwort: Immer so, daß genügend Luftaustausch stattfinden kann, denn Brot muß atmen können, ansonsten schimmelt es. Die meisten Brotdosen haben eine zu geringe Luftzufuhr. Deshalb ist es notwendig, daß ein kleiner Spalt für genügend Luftaustausch sorgt. Für längeres Aufbewahren der Brote eignen sich auch Tongefäße, die an einen kühlen Ort gestellt werden müssen. Auch bei diesen ist ausreichender Luftaustausch erforderlich. Nie darf Brot in Plastikhüllen aufbewahrt werden, es sei denn im Gefrierfach.

Durch diese Fragenbeantwortung wurde versucht, dem Laienbäcker eine möglichst umfassende Hilfe zu geben, damit er alleine mit den Brot-Back-Problemen fertig werden kann.

Süße Gebäcke

Das Verlangen nach süßen Speisen und Gebäcken ist seit jeher bei den meisten Menschen in mehr oder weniger starkem Maße vorhanden. Das Süßen war in früheren Zeiten für die breite Bevölkerungsschicht eine kostspielige Angelegenheit, wodurch sich von selbst ein gesundes Maßhalten ergab. Durch den großangelegten Anbau der Zuckerrübe und die Errichtung von Zuckerfabriken – die erste Zuckerfabrik wurde 1801 erbaut – kam der billige Industrie-Zucker in den Handel. Dadurch steigerte sich und steigert sich auch heute noch der Zuckerkonsum zusehends, sodaß in der Gegenwart von einem Zuckermißbrauch gesprochen werden kann.

Viele Ärzte erheben warnend ihre Stimme, weil die verschiedensten Krankheitserscheinungen durch den Zucker, besonders in Verbindung mit Weißmehl, die Volksgesundheit untergraben. Warnungen werden aber meistens erst dann ernst genommen, wenn bereits Gesundheitsschäden eingetreten sind. Denn leicht ist es, einer „süßen" Neigung zu verfallen, schwer ist es, sich von ihr zu befreien. So muß die Krankheit zum Lehrmeister werden.

Die Verlockung durch Süßigkeiten ist groß, besonders für unsere Kinder. Das hübsche Aussehen der Konditorei-Waren ist nicht zu leugnen. Die in unendlich vielen Variationen erfundenen süßen Backwaren mit den verschiedensten Geschmacksrichtungen schmeicheln dem Gaumen.

Ein entsprechendes Gegengewicht dieser Verlockung gegenüber sind Speisen und Gebäcke aus dem ganzen Korn, sinnvoll und dezent gesüßt. Dies geht nicht ohne ein lebhaftes Bemühen und den vollen Einsatz unserer Phantasie. Die dezent gesüßten Speisen und Gebäcke aus dem ganzen Korn müssen besonders schmackhaft sein, damit sie möglichst von allen Menschen – groß und klein – gerne genommen werden. Diese Speisen und Gebäcke aus dem ganzen Korn müssen sogar so schmackhaft sein, daß die üblichen Speisen und Gebäcke dagegen abfallen, weil man sie letztlich als zu aufdringlich im Geschmack empfindet. Die Herzhaftigkeit des Vollkorns muß in positiver Weise in Erscheinung treten.

Bei den Vollkornspeisen und -Gebäcken soll mit Honig, Rübensirup oder mit dem Sirup des Zuckerahorns gesüßt werden. Kann aus finanziellen Gründen nur Zucker verwendet werden, dann sollte man davon nur so viel bzw. so wenig nehmen, als gerade zum Würzen erforderlich ist.

Gesüßte Gebäcke wurden bisher entweder mit Bäckerhefe oder mit Backpulver gelockert. Der Wunsch vieler Hausfrauen, mit dem Spezial-Backferment auch gesüßte Gebäcke bereiten zu können, um deren Schmackhaftigkeit und Bekömmlichkeit zu steigern, führte dazu, daß entsprechende Rezepte ausgearbeitet wurden.

Diese gesüßten Gebäcke dürfen selbstverständlich keinen dem Brot ähnlichen

Geschmack aufweisen. Sie müssen sehr milde schmecken und gut gelockert sein.

Dies wird dadurch erreicht, daß der Teigansatz aus einer kleineren Menge Weizenfeinschrot hergestellt wird und daß bei der Hauptteigbereitung alle Zutaten angewärmt werden, sodaß man eine flotte Gärung erzielt und keine Säuerung auftritt.

Nachfolgend werden Rezepte zur Herstellung „Kuchenartiger Gebäcke", „Fest-tags-Stollen" und „Früchtebrot" mitgeteilt. Diese Gebäcke können aus Getreidefeinschrot alleine bereitet werden oder aus jeglicher Mischung von Getreidefeinschrot und Weizenmehl. Bei Verwendung von Getreidefeinschrot alleine erhält man nicht nur nahrhaftere, sondern auch herzhafter schmeckende Gebäcke.

Kuchenartige Gebäcke

Teigansatz:
10 g Grundansatz (ein gehäufter Teelöffel)
3 g Spezial-Backferment (Granulat), (ein leicht gehäufter Teelöffel)
300 g Weizenfeinschrot oder Gemisch aus Weizenfeinschrot und Weizenmehl
300 ccm Wasser, handwarm, 30 – 40 Grad C.

Zunächst den Grundansatz und das Spezial-Backferment mit einem kleinen Teil des abgemessenen Wassers auflösen. Sodann das restliche Wasser dazugeben und mit dem Weizenfeinschrot oder Schrot-Mehlgemisch gut verrühren. Gut abdecken! Der Teig darf nicht abtrocknen. Ein Tuch alleine genügt nicht.

Der Teigansatz bleibt am besten über Nacht, **mindestens 12 Stunden**, bei Zimmertemperatur, d. i. ca. 20 Grad C, stehen.

Hauptteig-Bereitung:

Von dem ausgereiften Teigansatz kann etwas abgenommen werden, um ihn anstatt des Grundansatzes für das nächste Backen zu verwenden. Auch dieser abgenommene Teigansatz wird in einem Schraubglas verschlossen kühl aufbewahrt.

Zu dem ausgereiften Teigansatz werden nun hinzugegeben:

700 g Weizenfeinschrot oder Gemisch – angewärmt –
100 – 200 g Magerquark – angewärmt –
1 –2 Eßlöffel Honig, eventuell auch mehr, mit dem Quark vermischt
10 g Salz
200 g Butter oder Margarine. Diese soll geschmeidig sein und soll zuletzt in den Teig eingearbeitet werden.

Zunächst wird der Weizenfeinschrot bzw. das Schrot-Mehl-Gemisch, der Magerquark nebst dem Honig mit dem ausgereiften Teigansatz leicht vermengt. In etwas Wasser wird das Salz aufgelöst dazugegeben und die Butter oder Margarine untergearbeitet. Sobald man merkt, daß der Teig zu fest ist, fügt man sehr warmes Wasser von ca. 55 Grad C hinzu. Es werden 100 ccm bis 200 ccm Wasser benötigt. Nun wird der Teig gut durchgearbeitet. Der Teig soll geschmeidig sein. Wird der Teig in Formen gebacken, kann er weicher sein, aber nur so weich, daß er von Hand noch gut zu bearbeiten ist. Soll Kleingebäck bereitet werden, muß der Teig etwas fester sein, damit das Gebäck nicht zu flach wird.

Je nach Wunsch können zugegeben werden zum Beispiel 100 g gemahlene Nüsse, 250 g Korinthen oder ähnliches. Auch diese Zutaten anwärmen, damit der Teig nicht abkühlt. Gewürze nach Geschmack verwenden, z. B. je 1 Messerspitze gemahlenen Zimt, Nelken, Vanille. Es ist darauf zu achten, daß die Zutaten gleichmäßig im Teig verteilt sind. Deshalb kann man diese – bis auf die Korinthen – unter den Weizenschrot mengen.

Die Temperatur des Hauptteiges sollte 30 bis 35 Grad C betragen. Am warmen Ort gut bedeckt 40 – 50 Minuten stehen lassen.

Nachdem der Teig gut aufgegangen ist, wird er in Stücke geteilt, bearbeitet und in angewärmte, gefettete Backformen gelegt oder als Formgebäck (Brötchen, Hörnchen, Brezel, Zöpfe) auf ein gefettetes Backblech gelegt und 40 – 50 Minuten an einen warmen Ort gestellt. So abdecken, daß die Teigstücke nicht abtrocknen.

Gebacken wird bei einer Temperatur von 180 bis 190 Grad C. Damit sich nicht zu schnell eine Kruste bildet, wird ein feuerfestes Schälchen (Größe mindestens 25 cm x 10 cm) mit kochendem Wasser unten in die Backröhre gestellt.

Die Backzeit beträgt beim Kleingebäck 20 bis 30 Minuten. Der Teig in den Backformen ist in 45 bis 60 Minuten fertig gebacken.

Dieses Rezept kann als Grundrezept dienen und überall dort angewandt werden, wo ein Gebäck mit einem Teiglockerungsmittel bereitet werden soll. Dabei sind die Zutaten entsprechend abzuändern.

Bei Gebäcken dieser Art verbinden sich Wohlgeschmack mit Bekömmlichkeit und Nahrhaftigkeit. Kleingebäck sollte frisch gegessen werden. Das große Gebäck hält sich bei richtiger Lagerung und Verpackung in doppeltem Cellophan-Papier über Wochen.

Festtags-Stollen

Der Festtags-Stollen kann aus Weizenfeinschrot alleine bereitet werden oder aus jeder beliebigen Mischung von Weizenfeinschrot und Weizenmehl.

Zutaten: 1 kg Weizenfeinschrot oder Schrot-Mehl-Gemisch, 250 g geschmeidige Butter, 150 g fester Magerquark, 50 g Honig oder Rohrzucker, 10 g Salz, je zwei Messerspitzen Kardamom und Muskatblüte gemahlen, 200 g enthülste Mandeln oder Haselnüsse grob gehackt, 100 g Zitronat feingehackt, 100 g Orangeat feingehackt, etwas geriebene Zitronenschale und 250 g Korinthen.

Es ist wichtig, daß die Zutaten, welche in den Hauptteig kommen, angewärmt werden, damit der Hauptteig die erforderliche Temperatur von 30 bis 35 Grad C erreicht.

Teigansatz: 10 g Grundansatz (ein gehäufter Teelöffel)
3 g Spezial-Backferment (Granulat), (ein leicht gehäufter Teelöffel)
300 g Weizenfeinschrot oder Gemisch
300 ccm Wasser, handwarm, 30 – 40 Grad C

Wie üblich zunächst den Grundansatz und das Spezial-Backferment in einem kleinen Teil des abgemessenen Wassers auflösen. Sodann das restliche Wasser und den Weizenschrot oder das Gemisch aus Schrot und Mehl dazugeben und gut vermengen.

Dieser Teigansatz bleibt am besten über Nacht, **mindestens 12 Stunden**, gut bedeckt bei Zimmertemperatur d. i. ca. 20 Grad C, stehen.

Hauptteig-Bereitung:
Zu dem ausgereiften Teigansatz werden hinzugegeben:
700 g Weizenfeinschrot oder Gemisch – angewärmt –
150 g Magerquark – angewärmt –
50 g Honig oder Rohrzucker – mit dem Quark vermengt –
10 g Salz
je 2 Messerspitzen Kardamom und Muskatblüte und etwas geriebene Zitronenschale – unter den Weizenfeinschrot mischen –
250 g Butter – geschmeidig –

Zunächst wird der Weizenfeinschrot bzw. das Gemisch aus Weizenschrot und Mehl, der Magerquark nebst dem Honig oder Rohrzucker mit dem ausgereiften Teigansatz leicht vermengt. In etwas Wasser wird das Salz aufgelöst dazugegeben und die geschmeidige Butter untergearbeitet. Sobald man merkt, daß der Teig zu fest ist, gibt man vorsichtig eine kleine Menge sehr warmes Wasser von ca. 55 bis 60 Grad C dazu. Da der Stollenteig mittelfest sein soll, ist die erforderliche Wassermenge sehr gering. Der Teig muß zuerst gut durchgearbeitet werden. Zu diesem Teig kommen die Mandeln und Haselnüsse, Zitronat, Orangeat und die Korinthen. Sollte es nötig sein, kann auch jetzt noch etwas Wasser (von 55 – 60 Grad) zugefügt und gut untergearbeitet werden. Alle Zutaten müssen gleichmäßig im Teig verteilt sein.

Die Temperatur dieses Hauptteiges soll möglichst 30 Grad C nicht unterschreiten. Eine Temperatur zwischen 30 bis 35 Grad C ist erwünscht.

Der Hauptteig verbleibt gut bedeckt 40 bis 50 Minuten am warmen Ort. Danach ist er so gut aufgegangen, daß Stollen geformt werden können. Aus obiger Menge kann man entweder 1 großen oder 2 kleine Stollen erhalten. Diese werden entweder auf das Backblech oder in eine angewärmte, gefettete Backform gelegt. Gut bedeckt verbleiben sie weitere 40 bis 50 Minuten am warmen Ort. Der Teig darf nicht abtrocknen!

Sind die Teigstücke entsprechend gegangen, können sie gebacken werden. Auch hierbei ist es notwendig, ein Schälchen mit kochendem Wasser vor dem Einschieben der Teigstücke unten in die Backröhre zu stellen, damit genügend Wasserdampf entsteht. Bei Stollen ist die Backtemperatur 180 bis 190 Grad C. Je nach Größe der Stollen dauert die Backzeit 1 bis 1 1/2 Stunden. Der Stollen soll langsam bräunen. Erkaltet, kann er sofort angeschnitten und gegessen werden.

Früchtebrot

Zutaten:
650 g Weizenfeinschrot
350 g Roggenfeinschrot

500 g Feigen in große Stücke geschnitten,
250 g Korinthen,
200 g Datteln entkernt und in Streifen geschnitten,
200 g Haselnüsse grob gehackt,
100 g Honig,
10 g Salz,
3 g Zimt,
2 g Nelken gemahlen.

Art und Menge der Trockenfrüchte und der Gewürze kann nach Belieben variiert werden. Die Verwendung von Weizenfeinschrot und Roggenfeinschrot hat sich als sehr günstig erwiesen. Selbstverständlich können auch andere Mischungen gewählt werden. Auch 1/3 Weizen- oder Roggenmehl kann in die Mischung genommen werden.

Sehr wichtig ist es, die Zutaten anzuwärmen, damit der Teig nicht abkühlt. Zur Bereitung des Früchtebrotes wird folgende Arbeitsweise empfohlen:

Teigansatz:
10 g Grundansatz (ein gut gehäufter Teelöffel)
3 g Spezial-Backferment (Granulat), (ein leicht gehäufter Teelöffel)
300 g Weizenfeinschrot
300 ccm Wasser, handwarm (30 bis 40 Grad C)

Zunächst den Grundansatz und das Spezial-Backferment in einem kleinen Teil des abgemessenen Wassers auflösen. Sodann mit restlichem Wasser und Weizenschrot gut vermengen. Am besten über Nacht bei Zimmertemperatur stehen lassen, **mindestens 12 Stunden.** Gut bedecken, der Teig darf nicht abtrocknen!

Hauptteig-Bereitung:

350 g Weizenfeinschrot
350 g Roggenfeinschrot
100 g Honig
10 g Salz
3 g Zimt und 2 g Nelken gemahlen

und so viel sehr warmes Wasser (ca. 55 Grad C), daß ein weicherer Teig erhalten wird. Sodann mengt man die angewärmten Früchte und Nüsse unter den Teig.

Der Teig wird sofort aufgeteilt, bearbeitet und in gefettete Formen gelegt. Auch die Formen müssen gut angewärmt werden.

Am warmen Ort 1 bis 2 Stunden gut bedeckt stehen lassen, bis der Teig sich etwas gehoben hat.

Gebacken wird bei 180 bis 200 Grad C 1 bis 1 1/2 Stunden. Auch hierbei ist ein Schälchen mit kochendem Wasser ca. 20 Minuten in der Backröhre zu belassen, damit die Oberfläche feucht bleibt, die Teigstücke aufgehen und gut bräunen können.

Nach dem Erkalten kann das Früchtebrot sofort angeschnitten werden. In doppeltem Cellophan-Papier verpackt, kann man es lange aufbewahren.

Diese drei Rezepte für süße Gebäcke geben eine gute Grundlage, um auch andere gesüßte Gebäcke mit hohem Ernährungswert herzustellen.

Beim Backen und beim Kochen sollten die künstlerischen Fähigkeiten mobilisiert werden, da es sich bei beiden Tätigkeiten um Künste handelt, nämlich um die Backkunst und um die Kochkunst.

Bei den bis jetzt beschriebenen Rezepten für Brote und Gebäcke entsprach die Arbeitsweise einer „Ein-Stufenführung", das heißt, daß vor dem Hauptteig e i n Teigansatz (d. i. e i n e Teigstufe) bereitet wurde, welche nach 12-stündiger Stehdauer zum Hauptteig weiter zu verarbeiten ist. Diese Arbeitsweise hat den großen Vorteil, daß nur wenig Grundansatz (oder reifer Teigansatz) zum Backen benötigt wird und daß keine besonderen Vorkehrungen bezüglich der Raumtemperatur getroffen werden müssen, da die Zimmertemperatur von ca. 20 Grad C gerade die richtige Temperatur für den Teigansatz ist. Dadurch ergibt sich eine große Sicherheit des Gelingens der Brote und Gebäcke. „Gut Ding braucht Weile", dieses Sprichwort ist für diese Art der Brot- und Gebäckbereitung anwendbar. Denn auch Aroma und Geschmack bilden sich erst nach längeren Gärzeiten voll aus. Eine Verkürzung der Gärzeit bringt immer eine gewisse Einbuße der genannten Eigenschaften mit sich. Ergibt sich jedoch einmal die Notwendigkeit, mit dem Spezial-Backferment ein Brot oder Gebäck in möglichst kurzer Zeit zu bereiten, dann können eingesetzt werden. Mittels dieser Backmethoden kann man innerhalb weniger Stunden, also im Tageslauf, Brote und Gebäcke fertigen. Für diese Rezepte benötigt man aber die zehnfache Menge an Grundansatz, sodaß sie nur für diejenigen interessant sind, die sich Grundansatz in beliebiger Menge selbst herzustellen imstande sind oder denen die einfache Vermehrung des Grundansatzes bekannt ist.

Diese schnellen Backmethoden erweisen sich jedoch als ungeeignet überall dort, wo höhere Anteile an Roggen (über 20%) in der zu verarbeitenden Getreidemischung sind. Roggen bedarf der Säuerung. Eine Säuerung kann sich jedoch in kurzer Gärdauer nicht vollziehen.

Empfehlenswert ist bei diesen schnellen Backmethoden, das Getreide fein zu mahlen, damit das Wasser schnell aufgenommen und ein schneller Aufschluß der Substanzen erfolgen kann.

Erste „Schnelle Backmethode" (mit Teigansatz)

Teigansatz: 100 g Grundansatz (auch vermehrter Grundansatz)
50 ccm Wasser handwarm
Den Grundansatz in dem Wasser klümpchenfrei auflösen.
400 g Getreidefeinschrot oder Mischung aus Getreideschrot und Getreidemehl
400 ccm sehr warmes Wasser, ca. 55 Grad C
Dieses sehr warme Wasser wird über den Getreideschrot (oder die Mischung) geschüttet. Gut vermengen! Der Teig soll weich, aber nicht flüssig sein.

Diesen Teigansatz stellt man gut bedeckt an einen warmen Ort, und zwar 30 Grad bis höchstens 35 Grad C. Der Teig darf an der Oberfläche nicht abtrocknen.

Nach ungefähr 3 Stunden muß der Teigansatz gut durchgegoren sein. Ist er das nicht, muß er noch stehenbleiben, bis er offensichtlich gut ausgereift ist.

Hauptteig-Bereitung:
zu dem ausgereiften Teigansatz werden gegeben
600 g Getreidefeinschrot oder Mischung aus Schrot und Mehl
15 – 20 g Salz, aufgelöst in etwas Wasser
und soviel sehr warmes Wasser (55 – 60 Grad C), daß ein geschmeidiger Teig erhalten wird.

Als Faustregel kann gelten, daß zur Verarbeitung von 1 kg Getreideschrot insgesamt (also für den Teigansatz und für den Hauptteig) ungefähr 750 ccm Wasser, das ist 3/4 Liter Wasser, benötigt wird.

Die Temperatur des Hauptteiges soll bei dieser schnellen Backmethode nicht unter 30 Grad C und nicht über 35 Grad C sein. Durch das sehr wame Wasser kann diese Temperatur mühelos erreicht werden.

Gut bedeckt, am besten am warmen Ort, bleibt der Hauptteig 40 bis 50 Minuten stehen. Wenn er gut aufgegangen ist, können Teigstücke abgeteilt und geformt werden, die in gefettete, angewärmte Backkästen oder in gut ausgemehlte Gärkörbchen gelegt werden. Nach 40 bis 50 Minuten sind diese Teigstücke so gut aufgegangen, daß sie wie üblich bei 220 bis 250 Grad C, 1 bis 1 1/2 Stunden gebacken werden können.

Zweite „Schnelle Backmethode" (ohne Teigansatz = **„Direkte Backmethode"**)

Bei dieser Backmethode wird sofort der Hauptteig mit allen Zutaten bereitet. Es soll hierfür, wie bereits oben erwähnt, Feinschrot verwendet werden, um einen schnellen Aufschluß und eine lebhafte Gärung zu erzielen.

Die Arbeitsweise ist folgende:

Bereitung des Teiges:

100 g Grundansatz (auch vermehrter Grundansatz)
100 ccm Wasser, handwarm
Den Grundansatz in dem Wasser klümpchenfrei auflösen.
Dazu werden gegeben
1000 g Getreidefeinschrot oder eine Mischung aus Feinschrot und Mehl, sowie nach Belieben Gewürze oder sonstige Zusätze, z. B. Leinsamen, Sonnenblumenkerne u.ä.
15 – 20 g Salz, in etwas Wasser aufgelöst und ungefähr
650 ccm sehr warmes Wasser, 55 – 60 Grad C

Das sehr warme Wasser wird über den Getreideschrot geschüttet und nun der Teig geknetet. Der Teig soll geschmeidig sein. Die Teigtemperatur **muß** mindestens 30 Grad C betragen, sie darf aber nicht höher als 35 Grad C sein. In einer Schüssel läßt man den Teig gut bedeckt **2 Stunden** an einem warmen Ort (nicht über 35 Grad C) stehen. Nach dieser Zeit wird der Teig noch einmal durchgeknetet und wenn es erforderlich ist, kann die Teigfestigkeit korrigiert werden. Ist der Teig zu weich, knetet man noch etwas Schrot oder Mehl in den Teig. Ist der Teig zu fest, kann noch etwas warmes Wasser untergearbeitet werden. Da sich Schrot besser in den Teig einarbeiten läßt als Wasser, sollte man ihn von Anfang an eher weicher denn zu fest bereiten.

Nun läßt man den Teig noch **1 – 2 Stunden**, also **insgesamt 3 – 4 Stunden** am warmen Ort gut bedeckt stehen, bis er gut aufgegangen ist. Sodann wird der Teig in Stücke geteilt, geformt und in gefettete, angewärmte Backkästen oder gut ausgemehlte, angewärmte Gärkörbchen gelegt. Nach 40 – 50 Minuten sind die Teigstücke so gut aufgegangen, daß sie gebacken werden können. Die Backtemperatur ist wie üblich 220 – 250 Grad C, die Backzeit je nach Größe des Teiges 1 Stunde bis 1 1/2 Stunden.

Die „Schnellen Backmethoden" stellen höhere Anforderungen an das Können des Bäckers und an die Temperatur-Verhältnisse, weshalb denjenigen, die mit dem Spezial-Backferment zu backen beginnen, die „Klassische Einstufenführung", wie zuvor beschrieben, empfohlen wird.

Fragen, die sich bei Anwendung der beiden zuletzt beschriebenen Backmethoden ergeben könnten, seien vorweggenommen und beantwortet.

1. **Frage:** Warum wird bei der ersten „Schnellen Backmethode" und bei der „Direkten Backmethode" nur Grundansatz und kein Spezial-Backferment-Granulat verwandt?

Antwort: In der kurzen Gärzeit käme das Spezial-Backferment-Granulat nicht zur Wirksamkeit. Dafür wird eine zehnfache Menge an Grundansatz (oder auch vermehrter Grundansatz) genommen, wodurch eine entsprechende Gärfreudigkeit gewährleistet ist.

2. **Frage:** Kann für die beiden oben angeführten Rezepte auch reifer Teigansatz verwendet werden?

Antwort: Da die größte Sicherheit für ein gutes Gelingen durch den originären Grundansatz und den vermehrten Grundansatz gegeben ist, werden nur diese empfohlen.

3. **Frage:** Muß bei Roggen immer die Einstufenführung angewandt werden?

Antwort: Da Roggen in höheren Mengen als 20% der Getreidemischung einer Säuerung bedarf, muß ein Teigansatz bereitet werden, welcher mindestens 12 Stunden stehen bleibt. Bei zu geringer Säuerung werden Roggenbrote feucht und klebrig und der Geschmack ist bei solchen wenig gesäuerten Broten fade.

4. **Frage:** Wenn Leinsamen beigegeben wird, muß dann die Wassermenge erhöht werden?

Antwort: Ja, entsprechend der Menge Leinsamen. Werden 100 g Leinsamen beigegeben, dann muß um 100 ccm Wasser mehr beigefügt werden. Es empfiehlt sich, den Leinsamen bei der ersten „Schnellen Backmethode" in den Teigansatz zu geben, damit er ausquellen kann. Bei der „Direkten Backmethode" erscheint der Teig zunächst sehr weich, wenn entsprechend der Leinsamenmenge Wasser zugefügt wird, doch kann man beobachten, daß bereits in 1/2 Stunde dieses anscheinend überschüssige Wasser vom Leinsamen aufgenommen wurde.

5. **Frage:** Können auch „Kuchenartige Gebäcke", „Früchtebrot" und „Festtags-Stollen" mit den beiden zuletzt erwähnten Backmethoden hergestellt wer-

den?

Antwort: Ja, wenn z. B. beim Früchtebrot nicht zuviel Roggen verwendet wird. Außerdem ist es wichtig, daß alle Zutaten gut angewärmt sind, damit der Hauptteig die erforderliche Temperatur besitzt, sodaß innerhalb der kurzen Gärzeiten bei den zuletzt genannten Backmethoden und den durch die Zutaten schweren Teigen, eine gute Lockerung erzielt wird.

6. Frage: Ist bei diesen beiden Backmethoden ein besonderes Augenmerk auf die richtige Gare der Teigstücke zu richten und wie vermeidet man das Reißen der Brote beim Backen?

Antwort: So wie auch bei der Einstufenführung müssen die Teigstücke gut ausgereift in den Ofen geschoben werden. Bei Weizenbroten und Gebäcken ist es immer günstig, die Teigstücke vor dem Einschieben in den Ofen mit einem scharfen, glatten Küchenmesser in Längsrichtung 2 – 3 mm tief einzuschneiden. Sollte das Brot oder das Gebäck durch kräftigen Ofentrieb reißen wollen, so geschieht dies an der Einschnittstelle. Es ist dies dann aber ein gezieltes Aufreißen, welches vom Fachmann als „Ausbund" bezeichnet wird. Brote und Gebäcke erhalten durch den Ausbund ein schönes Aussehen.

7. **Frage:** Können auch andere Getreidearten, zum Beispiel Gerste, Hafer, Mais, Hirse, Reis oder auch Buchweizen mittels dieser kurzen Backmethoden verarbeitet werden?

Antwort: Das Verbacken von Gerste, Hafer, Hirse, Mais, Reis und auch Buchweizen ist mit der Einstufenführung und den schnellen Backmethoden mittels Spezial-Backferment möglich, doch bedarf es hierzu besonderer Hinweise und Rezepturen. Es ist daran gedacht, diese in einer weiteren Veröffentlichnng zu bringen.

8. **Frage:** Wie ist die Haltbarkeit der Brote und Gebäcke der beiden schnellen Backmethoden?

Antwort: Die beste Haltbarkeit der Brote und Gebäcke ist durch die „Einstufenführung" gegeben, weil die Gärzeit (des Teigansatzes) am längsten währt und sich eine milde Säure, welche der Schimmelbildung entgegenwirkt, entwickelt. Bei der ersten „Schnellen Backmethode" verringert sich die Haltbarkeit der Brote und Gebäcke. Bei Anwendung der „Direkten Backmethode" sollten Brote und Gebäcke nur kurz aufbewahrt werden. Bei entsprechend luftiger Lagerung kann aber bei gut durchgebackenen Broten und Gebäcken mit einer Haltbarkeit von acht Tagen gerechnet werden.

In dieser Veröffentlichung über „Die Verarbeitung des Getreides zu Brot und Gebäck" wurde versucht, jedem, auch dem Laienbäcker, so viele Informationen zu vermitteln, daß gute Brote und Gebäcke bereitet werden können. Je mehr das Backen von Broten und Gebäcken geübt wird, umso sicherer und perfekter wird man in der Backkunst.

Es ist empfehlenswert, sich zunächst intensiv mit dem üblichen Brotgetreide, nämlich dem Weizen und dem Roggen zu beschäftigen, dann erst sollte man sich an das Verbacken der anderen Getreidearten heranwagen. Es ist ein Irrtum zu meinen, man könnte das Backen im Handumdrehen meistern. Nur derjenige wird erfolgreich sein, der nicht sporadisch von Zeit zu Zeit mal ein Brot bäckt, sondern der laufend sein tägliches Brot bereitet. Dieses ursprüngliche Tun schafft Befriedigung und Genuß in einem.

Das Spezial-Backferment nach Hugo Erbe wurde, wie schon erwähnt, im Getreidelabor des Forschungsringes für Biologisch-Dynamische Wirtschaftsweise in Darmstadt, Baumschulenweg 11, bis zur Praxisreife entwickelt und seit 1965 dort hergestellt und vertrieben. Es hat einen weiten Interessentenkreis im In- und Ausland gefunden, sodaß es allmählich eines größeren Rahmens bedurfte. Erfreulicherweise hat sich ein Backmittelbetrieb, der an natürlichen und gesunden Produkten sehr interessiert ist, gefunden, dem die Herstellung und der Vertrieb des Spezial-Backfermentes anvertraut werden konnte.

Um Verwechslungen zu vermeiden, wurde das Spezial-Backferment mit einem geschützten Namen bedacht, es heißt jetzt:

SEKOWA-Spezial-Backferment nach Hugo Erbe

Die Herstellungs- und Vertriebsfirma ist:

Backtechnik GmbH
Postfach 80
6364 Florstadt 1
Rufnummer: 06008 / 535

Es ist zu wünschen, daß dieses neue Teiglockerungsmittel weiterhin Verbreitung findet, zum Wohle seiner Verbraucher.

Das Getreidelabor im Forschungsring für Biol.-Dynamische Wirtschaftsweise in Darmstadt wird in Zusammenarbeit mit der Firma Backtechnik für gleichmäßige Güte des Spezial-Backfermentes Sorge tragen und nach wie vor beratend und forschend tätig sein, um die Anwendungsmöglichkeiten des Spezial-Backfermentes nach Hugo Erbe noch zu erweitern.

Der **Arbeitskreis für Ernährungsforschung e.V.** wurde im Jahre 1970 durch Dr. med. Udo Renzenbrink gegründet in Unterlengenhardt (bei Bad Liebenzell im Nordschwarzwald). Er ist als gemeinnütziger Verein anerkannt.

Er orientiert sich am Menschen- und Weltbild der Anthroposophie Rudolf Steiners. Aus kleinen Anfängen heraus wuchsen die Aufgaben; eine Gruppe von Mitarbeitern bildete sich und mit Hilfe der sich ständig vergrößernden Zahl von Mitgliedern gelang es, in einem neu erbauten Haus eine geeignete Wirkensstätte mit Lehrküche einzurichten. Damit war die Möglichkeit geschaffen, auch im eigenen Haus Kochkurse zu veranstalten.

Das Anliegen des Arbeitskreises für Ernährungsforschung ist es, Alternativen für eine gesunde Ernährung zu entwickeln, vor allem eine zeitgemäße Getreide-Ernährung zu erproben und Informationen darüber zu verbreiten. Das geht insbesondere Hausfrauen und Mütter an; unsere Kinder und die heranwachsende Jugend brauchen eine gesunde physische Grundlage, um später ihre Aufgaben erfüllen zu können. Aber auch die älteren Menschen sollten ihren Lebensabend noch rüstig verbringen.

Das Publikationsorgan des Arbeitskreises ist der ERNÄHRUNGSRUNDBRIEF, den die Mitglieder kostenlos erhalten. Er erscheint viermal jährlich im Umfang von ca. 50 Seiten und enthält jeweils zahlreiche Beiträge aus dem weiten Umkreis der Ernährung und Lebensführung sowie neue Rezepte der Versuchsküche.

Ein Probeheft sowie weitere Informationen erhalten Sie vom Arbeitskreis für Ernährungsforschung Abt. PB
Zwerweg 19, D-7263 Bad Liebenzell